체 게바라를 따라
무작정 쿠바 횡단

- 역사와 함께하는 쿠바 자전거 기행 -

CHE
GUEVARA.
CIGAR.
SUGAR CANE.
OLD CAR. CYCLE.
FIDEL CASTRO
CUBA.

체 게바라를 따라 무작정 쿠바 횡단 — 역사와. 함께하는.
쿠바. 자전거. 기행

이규봉

푸른역사

불평등한 세상에
희망의 빛이 비치길 바라며

## 들어가는 글

　너무 오래되어 언제인지 정확한 시점을 기억해낼 수는 없지만, 대학에 다니던 시절 막연하게나마 체 게바라를 알고는 있었다. 그 후 시간이 한참 지나고 또 한 번 체 게바라를 접하게 되었는데, 볼리비아에서 발견된 그의 시신이 쿠바로 운송되면서 전 세계적으로 이슈가 되었던 때인 것 같다. 늘 마음속에 자리 잡고 있던 체 게바라를 좀 더 알게 된 것은 2002년 국내에서 출판된 장 코르미에의 《체 게바라 평전》을 읽고 나서부터다.

　체 게바라는 항상 책을 가까이했다. 여행 중에도 그리고 전투 중에도 늘 책을 지니고 있었다. 그는 특히 칠레의 저항시인 파블로 네루다와 쿠바 독립의 아버지 호세 마르티의 시를 즐겨 읽는 아주 감상적인 사람이었다. 만성 천식이 있는 약한 몸으로 혁명에 투신한 그의 헌신적 삶에 감동해 그의 인생을 완전히 바꾼 오토바이 여행을 동경하게 되었다. 그가 다닌 길을 밟고 싶었다. 그러나 남아메리카 몇 개 나라를 거친 그 길은 장정이어서 짧은 시간에 다녀올 수 있는 거리가 아니었다. 더군다나 자전거로 그의 발자취를 좇기란 매우 긴 시간을 요하는 일이었다.

이런 생각 중에 떠오른 것이 쿠바다. 비록 체 게바라가 오토바이로 다닌 남아메리카의 모든 곳을 당장 찾아갈 순 없지만, 그가 안장된 산타클라라를 가는 것도 의미가 있다고 생각했다. 그래서 쿠바에 갔다.

쿠바는 체 게바라의 제2의 조국이다. 아르헨티나 사람인 체 게바라는 쿠바 혁명을 완수하고 쿠바 국적을 취득했다. 후에 쿠바 국적을 반납하고 무국적자로 볼리비아에서 혁명을 수행하던 중 정부군에 잡혀 죽었다. 사망한 지 30년이 지난 후 그의 시신이 발견되었고 쿠바로 이송되어 산타클라라에 안장됐다.

미국과 인접해 있는 쿠바는 미국에 순종하지 않는다는 죄 아닌 죄로 미국의 간접적인 침략을 무수히 받았다. 미국의 용병들이 침략한 것이다. 미국은 한 나라의 수상인 피델 카스트로를 암살하기 위한 시도를 수없이 실행했지만 그는 여전히 건재하다. 소련이 붕괴하면서 쿠바는 절체절명의 위기를 맞는다. 이 기회를 놓칠세라 미국은 더욱더 쿠바 경제를 봉쇄하며, 쿠바 인민의 전폭적 지지를 받는 정부를 전복시키려는 등 온갖 야비한 행위를 자행했다. 그럼에도 쿠바는 전 인민의 단결로 위기를 이겨냈다. 이러한 쿠바의 매력과 체 게바라가 묻혀 있다는 사실에 나는 쿠바를 동경했다.

쿠바 혁명 후에 쿠바 인민들은 대부분 주택을 소유하게 됐고, 정부는 위생이나 수도, 전기 등 기초 생활 조건을 충족시켜 빈민가를 없앴다. 교사와 의사를 양성하고 학교와 보건소 그리고 병원을 지어 보편적 의료 서비스를 확립해 인민의 생활수준과 삶의 질을 획기적으로 향상시켰다. 소련이 붕괴한 이후의 어려운 시기에도 교육과 의료만큼은 꾸준히 그 수준을 유지했다. 또한 이웃공동체 조직을 더욱 강화해 사회적 기능을 높여 참여민주주의를 확대하고 이웃공동체와 정부의 연계를 강화했다. 미국의 경제 봉쇄로 인한 물자 부족은 친환경 자재와 옛 기술의 활용으로 극복해 지금은 석유 없어도 지속 가능한 국가 1위로 선정되었다. 특히 살아 있는 지도자는 추앙하지 못하도록 하는 법률을 정해, 쿠바에서 추앙받는 인물은 이미 고인이 된 체 게바라와 카밀로 시엔푸에고스 정도이다. 같은 사회주의 국가인 북한과 매우 대조되는 부분이다.

오늘날 신자유주의가 기승을 부리고 있는 것을 보면서 또 다른 체 게바라의 출현을 바라는 사람이 많을 것이다. 비록 그는 쿠바를 제외한 다른 곳에서의 혁명은 완수하지 못하고 죽었지만 그의 기상은 고난받고 있는 전 세계 노동자에게 빛이 되었다.

이 책은 쿠바 여행을 위해 쿠바의 역사와 쿠바 혁명에 절대적 영향을 끼친 체 게바라를 조금이나마 알 수 있도록 집필했다. 가능하면 체 게바라가 간 길을 따라갔다. 쿠바 혁명군이 처음 쿠바에 도착해 활동한 곳이 시에라 마에스트라 산맥이고 그 동쪽에 쿠바 혁명의 진원지인 산티아고 데 쿠바가 있다. 그래서 산티아고 데 쿠바를 출발해 시에라 마에스트라 산맥에 있는 바야모를 넘어 라스 투나스, 카마구웨이, 산티 스피리투스, 산타클라라, 그리고 한국 이민의 역사를 간직한 마탄사스를 거쳐 아바나로 향했다. 필자의 여행 경험과 함께 역사적인 사실을 주제별로 나누어 담았다.

1장에서는 인천에서 산티아고 데 쿠바까지 가면서 겪은 여행담을 실었다. 식민 지배가 시작되었던 때부터 쿠바 혁명 전까지의 간략한 쿠바 역사와 쿠바의 상징인 담배, 럼주 그리고 산테리아 의식을 소개한다. 2장에서는 산티아고 데 쿠바에서 중부에 있는 카마구에이까지 여행 경험과 산티아고 데 쿠바와 가까운 관타나모의 미군 기지에 대한 불편한 역사적인 사실, 그리고 오늘의 쿠바를 있게 한 쿠바 혁명을 서술했다. 3장에서는 카마구에이부터 체 게바라가 묻힌 산타클라라까지의 여정과 쿠바 혁명의 두 얼굴 체 게바라와 피델 카스트로를 소개했다. 4장에서는 산타클라라부터 아바나에 도착하기까지의 여행담과 한국의 쿠바 이민사에 대해 기술했다. 마지막으로 5장에서는 아바나에서 지내면서 겪은 일들을 기술했으며 노벨문학상 수상자인 헤밍웨이를 소개했다. 더불어 강대국 미국이 약소국 쿠바를 어떻게 상대했는지 알아보았고 소련 붕괴 후 살아남은 쿠바의 현재 모습도 살펴봤다.

이 책을 출판하기에 앞서 여러 사람에게 도움을 받았다. 우선 쾌히 쿠바 자전거 여행을 함께 나섰고 원고를 교정해준 대전대학교의 전태일 교수, 과감히 3주간 병원을 휴업하고 함께한 부부 치과의사 고병년 원장과 윤일선 원장에게 고마움을 표한다. 늘 내가 쓴 모든 원고를 꼼꼼히 읽고 교정해준 아내 조현숙 박사와 쿠바 현지에서 우리를 안내하고 쿠바와 관련된 정보를 제공하고 수정해준 정호연 선생에게 감사드린다. 그리고 어려운 출판 환경에도 선뜻 이 책의 출판을 맡아준 푸른역사 박혜숙 대표에게 감사를 표한다.

끝으로 체 게바라가 피델 카스트로에게 보낸 이별의 편지에서 쓴 말을 인용한다. 체 게바라를 다시 한 번 추모하며, 신자유주의 물결에 힘든 세월을 보내고 있는 모든 사람에게 희망을 전하고자 한다.

"승리를 향해 계속 전진Hasta la Victoria Siempre!"

2013년 12월
이 시대의 체 게바라 출현을 기대하며
이규봉

키 라르고

미국

키 웨스트

멕시코 만

플로리다 해협

아바나

마탄사스

아르테미사

카르데나스

산 크리스타빌

콜론

호베야노스

수르히테로드
바타바소

산타 클라라

파나르 델리오

시엔푸에고스

만투아

과네

라페

누에바 헤로나

산타페

트리니다드

후벤투드 섬

카리브 해

| 쿠바Cuba | |
|---|---|
| ✪ | 수도 |
| ◉ | 주도 |
| ○ | 주요 도시 |
| --------- | 주의 경계 |

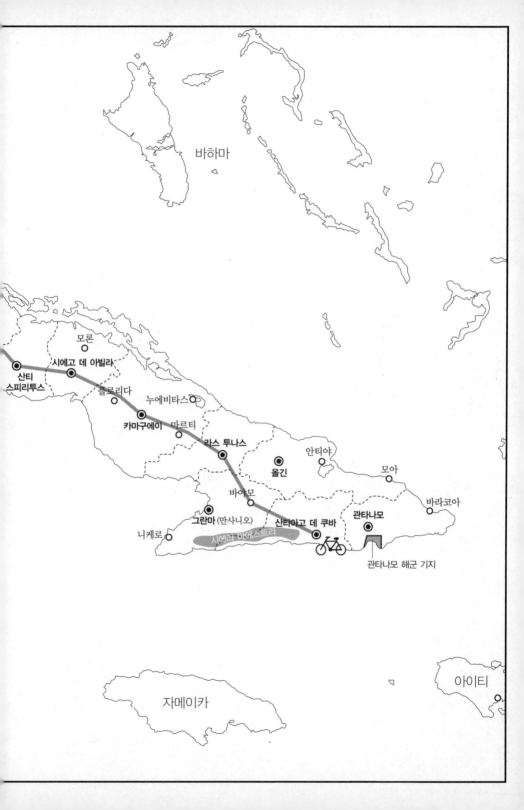

# 1
## 혁명의 나라 쿠바를 가다
### ─아바나에서 산티아고 데 쿠바까지

민중에 대한 사랑
인류에 대한 사랑
정의감
그리고 인간에 대한
관대함 없이는
진정한 혁명가가 될 수 없다
— 체 게바라, 〈사랑〉

센트럴파크의
호세 마르티 동상

호세 마르티 José Martí(1853~1895) 아바나 출생으로 소년 시절부터 쿠바의 독립운동에 가담해 에스파냐로 추방당했다. 대학에서 법률과 문학을 공부했다. 그 후에도 몇 차례 귀국과 추방이 반복되었고, 뉴욕으로 가서 《조국La Patria》 지를 간행, 쿠바의 독립과 남아메리카 국가들의 우호 증진에 노력했다.

# Republic of Cuba

1492년 콜럼버스가 도착했을 때 쿠바에는 초기 원주민에 이어 그 지역을 차지한 타이노족 인디언이 살고 있고, 콜럼버스는 그 지역을 스페인 영토로 선포했다. 18세기 쿠바는 스페인 제국에 설탕을 공급하는 가장 중요한 공급처가 되었다. 스페인은 쿠바인들의 독립운동에 맞서 수차례 전쟁을 치러야 했지만, 이 지역에 대한 지배를 1898년까지 유지했다. 1898년 스페인은 미국-스페인 전쟁에서 미국과 쿠바 독립군에 패했다. 그러나 쿠바는 인접한 미국의 강력한 정치적 영향 아래 있었지만 오래지 않아 공식적으로 독립했다.

1959년 1월 1일 피델 카스트로가 이끄는 혁명군은 독재 정치를 일삼던 바티스타 이 살디바르 정권을 무너뜨렸다. 2년 후 카스트로는 그 혁명이 마르크스-레닌주의를 따르는 사회주의 혁명임을 선포했다. 쿠바는 소비에트 연방과 긴밀한 관계를 맺으면서 북부의 인접 국가들로부터 경제적 고립을 겪었다. 게다가 1990년대 초반 소비에트 연방과 동유럽 사회주의권의 몰락은 쿠바의 전방위적 결핍과 재정적 불안정의 위기를 가져다주었다. 21세기 들어 쿠바는 경제·사회적 긴축 정책들을 일부 완화했지만, 미국은 쿠바가 지속적인 경제 위기를 겪게 될 것이라고 선언하면서 카스트로 정부에 대해 수십 년간 무역 금지 조치를 이어나갔다.

쿠바는 대체로 도시 중심 국가다. 쿠바의 유일한 대도시 아바나는 북서쪽 해안에 있으며, 나라의 수도이자 상업의 중심지다. 조금 쇠락했지만 낭만과 멋이 있는 도시 아바나는 멋진 부둣가와 훌륭한 해변으로 둘러싸여 있다. 아바나의 매력은 세계적으로 잘 알려져 관광객들이 해마다 늘고 있다. 산티아고, 카마구에이, 올긴, 트리니다드 같은 도시들은 스페인 식민지 시대의 유산인 아름다운 건축물과 현대적 건물이 조화를 이루고 있다.

2011년 12월 20일 화요일 아침. 고맙게도 아는 사람이 함께 가는 모든 사람의 집집마다 승합차로 돌아 대전고속버스터미널까지 태워다 주었다. 터미널은 최근 준공해 매우 어수선했다. 아직 마감이 되지 않은 곳이 많아 상점도 듬성듬성 있었다. 예전보다 훨씬 쾌적한 공간으로 변했지만 민간자본으로 세워져 상점들이 많이 들어섰다.

잘 포장된 네 대의 자전거를 고속버스 짐칸에 가지런히 실었다. 우리가 타고 갈 에어캐나다 항공사는 무료로 보낼 수 있는 수하물을 23킬로그램 이내로 오직 하나만 허용했다. 자전거는 아주 가벼워 여유 공간에 아바나에서 만나기로 한 교민에게 전해줄 물건들을 나누어 실었다. 인천공항에 도착하니 함께 가기로 한 김 교수 부부가 이미 나와 있었다. 서둘러 탑승 수속을 밟았다.

특별관리비는 특별히 요청할 때만
받아야 하지 않을까?

전 선생과 나는 바퀴가 20인치에 지나지 않은 접이식 작은 자전거

(일명 미니 벨로)를 갖고 갔다. 분해할 수 있는 것은 모두 분해해 포장하니 항공사에서 제시한 표준 규격인 가로, 세로, 높이의 합 158센티미터 이내에 딱 맞게 포장할 수 있었다. 일반 자전거에 비해 부피가 훨씬 줄어들었다. 스스로 물어보았다. '항공사가 무료로 허용하는 수하물의 규격과 무게로 딱 맞추었는데, 자전거라고 설마 추가 비용을 받진 않겠지?'

약관에 따르면 에어캐나다 항공사는 자전거의 경우 하나의 수하물로 간주할 뿐만 아니라 관리 대상 스포츠 용품으로 취급해 특별관리비 50달러를 따로 받는다. 표준 규격을 초과할 경우란 말이 없는 것으로 보아 자전거로 밝혀지면 무조건 내야 할 것 같아서였다.

승객의 처지에서는 참으로 억울한 조항이 아닐 수 없다. 무료로 수하물을 위탁할 수 있는 범위를 초과한다거나 아니면 운송 중 망가질 위험이 있으니 특별히 관리해달라고 요청한다면 특별관리비를 더 받을 수는 있다. 그러나 그러한 요청을 하지 않았음에도 일괄적으로 특별관리비라는 명목으로 항공사가 정한 품목에 따라 더 받는 것은 공평성에 문제가 있다고 본다. 항공사가 이윤을 추구하기 위해, 무료로 허용되는 부피와 무게임에도 품목을 이것저것 제한해 탑승료 외에 추가 비용을 부과할 수 있기 때문이다. 그것도 선택의 여지가 없는 탑승 수속 현장에서. 더구나 정직한 승객은 더 피해를 볼 수 있다. 또한 이러한 특별 조항이 없는 항공사도 많이 있다. 그러니 탑승 수속 중 뜻하지 않게 추가 지불하게 되면 승객의 마음이 어떻겠는가?

이런 일이 있었다. 대한항공을 타고 제주도에 자전거를 갖고 가다

황당한 일을 당했다. 탑승수속 때 허용된 무게보다 작았음에도 내용을 물길래 자전거라 했더니 추가 비용을 내라 한다. 너무 황당했다. 자전거를 원형 그대로 보내달라는 것도 아니고 완전 분해해 포장을 잘했을 뿐 아니라, 그 전에 아시아나항공으로 몇 번 갔을 때는 그런 요청을 받은 적이 없었기 때문이다. 그때만 해도 자전거라 해서 따로 특별관리비를 더 받는 항공사가 있다는 것을 전혀 알지 못했다. 규정을 지켜야 하는 담당 직원을 이해 못 하는 바는 아니지만 '지불하기 싫으면 타지 마라'는 듯한 태도에 울며 겨자 먹기로 추가 비용을 지불했다.

표준 규격으로 포장한 두 대의 자전거는 창구에서 바로 보냈고, 부피가 큰 일반 자전거 두 대는 대형 화물 창구로 따로 보냈다. 규정과 달리 모두 별도로 특별관리비를 지불하지는 않았다. 무엇이냐고 물어보는 사람도 없었다. 그러나 캐나다에서 쿠바에 들어갈 때는 특별관리비를 지불했다. 물어보는 말에 솔직히 대답했기 때문이다.

오후 6시 비행기는 움직이기 시작했다. 10여 시간의 지루한 시간을 보내고 캐나다 밴쿠버에 도착하니 같은 날 오전 11시였다. 시간을 거꾸로 거슬러 올라간 셈이다. 타임머신을 타고 과거로 간 것 같았다.

신자유주의의 첨병 민영화

밴쿠버 공항에서 국내선으로 환승하려면 다시 짐을 찾아야 한다. 그 이유는 미국의 9·11테러 이후 인접 국가의 보안이 미국의 보안에 영향을 준다는 취지에서 보안이 강화되었기 때문이다. 그래서 입국 수속 절차가 진행되는 곳에서 모든 짐은 다시 보안 점검을 받아야 한다. 큰 자전거가 도착할 때까지 미리 나온 작은 자전거 상자를 손수레에 싣고 기다리고 있는 전 선생에게 한 흑인 여성 보안요원이 다가와서 불심검문을 했다. 자전거 상자의 포장지가 검은색으로 독특한 데다가, 한 장소에서 오랫동안 서성거리고, 입고 있는 옷차림도 점잖아 보이지 않아 보안 검색 과정에서 수상한 자로 판정 난 모양이었다. 보안요원은 전 선생에게 입국 목적부터 짐의 내용물까지 자세하게 묻고는 이상이 없었는지 상부에 무전기로 보고하고는 자리를 옮겨갔다.

자전거를 포함해 여섯 명의 짐이 다 나온 뒤에 다시 토론토행 국내선 비행기로 갈아타기 위해 자리를 옮겼다. 다행히 짐 찾는 곳 바로 옆에 토론토행 연결 입구가 있어 별 불편 없이 커다란 짐을 손수레에 올려 이동했다. 자본주의 냄새가 더욱 물씬 풍기게 이곳 공항에서는 손수레 이용 요금을 받는다. 2달러를 넣고 손수레를 뺀 후 다시 돌려주면 25센트를 돌려준다. 슈퍼마켓에서 볼 수 있는 풍경이다. 분명 이 공항은 민영화되었을 것이다. 손수레를 운반하던 노동자는 해고되었을 것이고 공항으로서는 추가로 수입이 생겼으니 기업 가치가 올랐겠지? 그 덕에 공항 이용료는 줄어들었을까?

경영합리화를 이유로 민영화를 하지만 민영화는 곧 가격 상승이다. 온갖 방법으로 돈 벌 궁리만 한다. 직원의 비정규화로 인건비는 줄어들어 노동자가 고통받고 그로부터 발생하는 불편함은 모두 소비자의 몫이고, 그로 인해 생기는 이익은 대부분 주주에게 넘어간다. 기업과 사회와의 상생은 기대하기 어렵다. 기업이 이익을 창출해도 그것이 사회에 제대로 분배되지 않는다. 남는 이익이 기업에 재투자되거나 노동자 또는 소비자에게 가기보다는 경영진을 선출할 수 있는 막강한 권력을 가진 주주의 몫이 되기 때문이다. 이를 막을 다른 방법도 찾기 어렵다. 이것이 바로 자본가들이 국경을 초월해 자본이 필요한 어느 곳에서나 사업하기 쉽게 만들어 부자를 더욱 부자로 만들어주는 신자유주의의 실체다. 그 선봉장은 말할 것도 없이 미국의 레이건 대통령과 영국의 대처 수상이었고, 그 후계자들은 지속적으로 전 세계에 신자유주의를 강제로 이식시켰다. 그 결과 전 세계의 자연 환경은 극도로 악화됐고 부익부 빈익빈은 더욱 가속화됐다. 규제 없는 자본주의는 제동장치 없이 달리는 기차와 같다. 모든 시민과 밀접한 관계가 있는 공공 분야는 적어도 이윤 추구를 떠나 결코 민영화되어서는 안 될 것이다.

밴쿠버에서 토론토로 가는 국내선에서는 이어폰을 제공하지 않는데, 국제선에서 제공되는 이어폰을 챙기면 국내선에도 사용할 수 있다. 국내선에선 제대로 된 음식을 주지 않고 샌드위치를 주는 데 유료였다. 국제선 승객은 무료였으나 배도 고프지 않았던 난 별 관심이 없어(솔직히 무료인지 몰랐다) 승무원이 지나감에도 아랑곳 하지 않았다. 전 선생은 샌드위치가 무료란 사실은 알았지만 국내선에서 특별히 국제선으로 갈아탄 승객에 대한 안내사항이 없었던 데다가 승무원도 불친절하게 훅 지나가는 바람에 샌드위치를 못 먹었다고 한다. 물론 경영상 수익 구조를 극대화하기 위한 방안이라고는 하지만 상당한 액수의 비행기 삯을 치른 승객 입장에서는 여간 불쾌한 게 아니었다. 무료로 제공하는 건 물뿐이었다. 국제선에서 주던 담요도 물론 주지 않았다. 약 4시간 정도 걸려 토론토에 도착하니 현지 시각으로 오후 8시였다. 인천에서 오후 6시에 출발했으니 시계로만 본다면 2시간 만에 토론토에 온 셈이다. 인천을 출발해 밴쿠버 공항 체류 시간 2시간을 포함해 모두 16시간 만에 쿠바의 수도 아바나Habana로 갈 수 있는 토론토에 도착했다.

하루에 한 번만 있는 아바나 행 비행기는 이미 출발했기에 우리는 어쩔 수 없이 다음 날 비행기를 탈 수밖에 없었다. 숙소는 토론토 시내까지 가도 되지만 여건상 공항 근처에서 머물기로 했기 때문에 공항 근처의 호텔을 예약했다. 호텔의 픽업 서비스를 받기 위해 밴쿠버에서 여러 차례 호텔과 연락해 약속을 해놓았는데도 우리를 데려갈 차량 운전자와의 전화 연결이 잘 되지 않아 한동안 시간을 낭비해야 했다. 호텔에 전화하면 계속 돌려대는 통에 미국식 전화받기에 짜증이 나기도 했다. 자전거 짐이 너무 무거워 개당 10달러를 지불하고 공항 보관소에 맡겼다. 돌아올 때는 8달러를 지불했다. 자전거는 특별할인되는 것을 나중에 안 것이다. 아무튼 모르면 몸도 고생하겠지만 요즘은 돈으로 때워야 한다. 호텔에서 보내준 승합차로 호텔에 도착했다. 호텔 주변에는 아무 것도 없어 할 수 없이 호텔 식당에서 저녁을 먹었다. 값만 비싸지 음식은 입에 맞지 않았다. 그나마 치킨 누들 수프가 속을 달래주었다.

고 원장 부부의 특별한 체험

드디어 출발이다. 우리(고병년·윤일선)는 여행을 떠나면 항상 짜릿한 흥분과 약간의 두려움을 느낀다. 그런데 이번 쿠바 자전거 여행은 체력적으로 가혹한 모험이 기다리고 있어서인지 짜릿함보다는 두려움이 앞섰다.

6개월 동안 매일 아내와 나는 아침 일찍 자전거를 탔고, 휴일에는 여행을 겸해 꾸준히 훈련했다. 그러나 같이 여행할 다른 두 분에게 폐 끼치지 않고 빡빡하게 짜여진 여행을 잘 버텨낼지 여전히 일말의 의구심이 들었다.

이륙하고 비행기가 일정 고도에 오르니 식사가 제공됐다. 남들은 어떨지 모르지만 맛을 따질 한가함이 우리에겐 없다. "한 톨도 남김없이 먹어야 한다. 이번 여행은 오로지 체력 싸움일 것이니……"라며 평소 식사량도 많지 않은 아내를 독려해가며 끝까지 체력 비축에 힘을 기울이자며 별 맛 없는 닭고기와 돼지고기를 깨끗이 해치웠다.

식사를 마치니 에너지 충전이 쭉 올라가는 것처럼 온몸이 뿌듯했다. 마지막으로 서로의 의기충전을 위해 승무원에게 부탁해 포도주를 한 잔씩 나눠 마셨다. 긴장이 약간 풀리니 '쿠바도, 자전거도, 그래! 그까짓 것 해보지 뭐'했다. 아무리 한치 앞을 알 수 없는 게 인간사라지만, 좋았다. 그때까지는.

식사 후 억지로라도 눈을 부쳐야 되겠구나 하는 그때, 아내가 힘없이 내미는 손을 잡아보니 깜짝 놀랄 정도로 차디차고 얼굴이 백지장이었다. 그러면서 토할 것 같다며 화장실로 가자고 했고, 급히 아내를 부축해 자리를 채 빠져나오기도 전에 축 늘어져버린 아내를 거의 둘러매다시피 해서 화장실로 갔다.

주변의 눈을 의식할 겨를도 없이 화장실로 들어갔다. 그 좁은 화장실에서 인사불성이 되고 만 아내를 가까스로 안아 일으켜 세워 등을 두드리며 배를 쓸어주니 어렵사리 충전시킨 에너지가 입으로 코로 마구 나왔다. 온몸은 식은땀으로 범벅이 되었고 맥박도 희미했다. 이것 저것 생각할 틈도 없이 옷을 벗기고 마사지를 했다. 그러기를 얼마나 했을까? 아내는 안색이 돌기 시작했고 정신을 간신히 차렸다. 하지만 혼자 서 있지를 못했다. 얼굴과 온몸의 식은땀을 닦아주며 한참이 지난 후 간신히 업고 나올 수 있었다.

시간을 보니 약 30여 분을 화장실에서 응급처치를 했다. 좁디좁은 화장실에서 30여 분 동안 문이 잠겨 있다가 한 쌍의 남녀가 나오니 주변 승객들의 눈초리에 얼굴이 조금은 화끈거렸다. 하지만 그땐 정말 아무 생각이 없었다. 지금 생각해 보니 상당히 멋쩍은 광경일 수 있겠다.

자리에 돌아온 아내는 계속 힘들어하며 시원한 공기를 마실 수 있도록 창문을 열어달랬다. 위험한 고비를 넘기고 나면 그렇듯 웃음이 나온다. "비행기 창문을 열어달라니. 이 사람 영화도 안 봤나? 열린 창문으로 하나둘씩 블랙홀로 빨려들어가듯이 사람들을 날려보내려고?"

승무원에게 개인용 산소 마스크가 있냐고 물으니 없단다. 산소 마스크는 전체 승객에게 비상시에만 내려온단다. "알지, 알고 말고!" 하지만 어떻게라도 아내를 정신 차리게 할 방법을 찾고 싶었다. 결국 손 마사지 말고는 다른 방법이 없었다. 거의 옅은 잠에 빠져 있는 아내를 바라보고 있자니 안쓰러움과 다가올 여행을 해낼 수 있을지 두려움이 다시금 밀려들었다. 쿠바는 다가오는데, 일단은 지켜볼 수밖에……

아내는 술을 마시지 못한다. 몇 번의 시도를 해봤지만 마시고 나면

머리가 너무 아프고 속도 좋지 않다고 한다. 연애할 때는 불편한 점도 많았지만 지금은 어느 자리에서도 내가 맘껏 술을 마실 수 있어 나로 서는 별 불만 없이 생활해왔다.

그러고 보니 일전에 일어난 일이 생각난다. 친구들과 대청호반을 걷다 점심을 먹으면서 목을 축일 겸 막걸리 한 잔을 마셨다. 딱 한 잔이었다. 그러나 다시 걷다 마침 벌을 치는 분을 만나 이런 저런 이야기를 나누던 중 갑자기 아내가 논바닥에 쓰러져버렸다. 그때는 땀도 많이 흘렸고 또 자세성저혈압으로 그러려니 했었는데, 이번 일을 겪고 나니 술에 대한 거부 반응인 알콜 알러지가 아닌가 하는 생각이 들었다.

그래서 쿠바 여행을 마치고 돌아와 집에서 아내와 둘이 실험을 해보았다. 아내가 막걸리 딱 한 잔을 마시고 30분이 지나자 비행기 내에서와 같은 상황이 재현되었다. "그래 맞다. 이것이 알콜 알러지구나" 하는 확신을 했다. 그 후로 아내는 술에 대한 모든 미련을 버리고 항상 맑은 정신으로 꿋꿋하게 이 험한 세상을 산다.

다행히 비행기가 착륙하기 전에 아내는 거의 정상을 회복했다. 그날의 사건은 여행이 끝날 때까지, 이순신 장군의 '나의 죽음을 알리지말라' 라는 말처럼 사뭇 비장한 각오로 다른 두 분의 동행자에게는 비밀에 부치기로 약속했다. 쿠바 자전거 여행! 우리에겐 시작부터 보통이 아니었다.

## 까다로운 탑승 절차, 누구를 위함인가?

다음 날 우리는 호텔에서 가능한 늦게 나왔다. 아바나 가는 비행기가 토론토에서 오후 4시 반에 출발하기 때문이다. 토론토에서 다시한 번 더 수속을 밟았다. 그런데 그 수속을 승객이 직접 기계에서 한다. 승객의 불편은 둘째인가 보다. 인건비 절감을 위해 설치했을 그 기계를 다루어보니 처음이라 그런지 불편함이 컸다. 나이 든 분들이이것을 잘할 수 있을까? 물론 도와주는 사람은 있다. 서비스가 기계화되어 비용은 절감할 수 있겠지만 이에 따른 승객의 강요된 불편은서비스 개선과는 거리가 먼 것 같았다. 자동화란 결국 돈은 돈대로 다내고 점원 대신 손님이 일을 하게 만든다. 자동화가 점점 심해지면 우리는 어느 곳을 가든 사람을 상대하지 않고 기계만 상대해야 한다. 그리고 많은 노동자들이 해고될 것이다. 그렇다고 서비스 요금이 싸질까? 그렇다고 생각하지 않는다. 첨단 장비를 만드는 데 많은 비용이들어갔을 것이고 남는 이윤은 투자를 한 자본가에게 갈 것이다. 러다이트 운동이 그래서 일어난 것이다. 산업혁명의 바람이 불던 1810년대 영국에서 노동자들의 임금이 하락하고 실업자가 늘자 그 원인이 기계의 발명에 있다고 생각해 기계를 파괴한 것이다. 이런 일은 또 다시 일어날 수 있다.

기계에서 좌석표는 물론 수하물에 붙이는 표도 뽑아야 하는데 그 표가 나오지 않아 결국 창구에서 다시 뽑아야 했다. 같은 항공사의 비행기로 갈아탔지만 토론토에서 쿠바로 갈 때 일반 자전거를 가져간 고 원장 부부는 특별관리비 50달러를 추가로 각각 지불했다. 왜냐하면 기계의 물음에 솔직히 대답했기 때문이다. 대신 얻은 것은 안전하게 관리한다는 빨간색의 '취급주의' 표이다. 그 표를 붙이면 보다 안전하게 관리해주겠다는 것이다. 그러나 돌아올 때는 기계에 자진 신고를 하지 않았고 덕분에 특별관리비를 추가로 지불하지 않았다.

수속을 마치고 서성대고 있는데 방송으로 부르는 소리가 들렸다. 가보니 우리 가방이 있었다. X선 검사를 통과하지 못했다. 자전거 튜브에 펑크가 나면 사용하는 작은 용기의 접착제와 약간 큰 튜브용 고추장이 문제였다. 기내로 갖고 가는 것도 아니고 수하물로 보낸 것임에도 압수당했다. 기내에는 치약은 물론 물도 못 갖고 들어갈 뿐 아니라 손톱깎이도 못 갖고 들어가게 한다. 입국 심사받을 때는 심지어 신발도 벗어야 한다. 어떤 곳은 신체 전 부위가 자세히 노출되는 검사도 받아야 한다고 하니 이로 인해 전 세계 사람들이 받는 불편함과 불쾌함을 비용으로 계산하면 얼마나 될까? 아마 천문학적인 비용일 것이다. 물론 왜 이렇게 까다롭게 하는지 잘 안다. 비행기 사고는 일단 발생하면 거의 전원 사망이다. 그러나 누가 이렇게 탑승 절차를 매우 까다롭게 만들었을까? 누가 원인 제공했을까? 탑승 수속의 불편은 전 세계인이 고루 겪는다. 이로부터 얻을 수 있는 엄청난 정치적 이익도 전 세계가 고루 나누어 가질까? 훔치려고 사생결단하는 도둑을 잡을 수 있을까? 차라리 도둑이 안 생기도록 사회 분위기를 만드는 것이 도둑 잡으려고 첨단 기술을 개발하고 사용하는 것보다 비용 면에서 더 효율적이지 않을까? 공항에서 탑승 수속을 할 때마나 그 까다로움에 항상 불편한 마음이 든다.

여유 만만한 쿠바 세관원

쿠바에 입국하려면 다른 나라와 마찬가지로 비자가 필요하다. 그런데 쿠바의 비자 정책은 좀 다르다. 비자 직인이 여권에 찍히지 않는다. 대신 30일짜리 여행자 카드를 작성해야 한다. 가격은 15달러이나 에어캐나다 항공사는 그 값이 항공료에 포함되어 있다. 왜 그들은 여권에 비자 도장을 찍지 않을까? 곰곰 생각해보니 알 것 같았다. 여권에 찍히면 쿠바에 입국한 근거가 남는다. 그런데 미국은 바로 이웃이면서도 아직 쿠바와 수교하고 있지 않다. 그뿐 아니라 쿠바에 가려면 허가를 받아야 한다. 그러나 미국 사람들은 쿠바에 많이 온다. 모두 다 일일이 정부의 허가를 받고 왔을까? 쿠바에 몰래 다녀온 것을 들키면 벌금을 내거나 징역을 살아야 한다.

마이클 무어 감독이 2007년 제작한 다큐멘터리 영화 〈식코Sicko〉가 생각난다. 미국 의료보험 회사의 비윤리성을 고발한 영화로 당시 우리나라가 도입하려고 한 의료보험 민영화와 맞물려 매우 인기를 끌었다. 이 영화에서 무어는 9·11테러 때 구조 작업에 참여해 유독 물질에 노출되어 폐질환 등으로 고생하는 자원봉사자들을 쿠바로 데리고 가 치료받게 했다. 그들은 증명이 안 된다는 이유로 보험 혜택을 받지 못해 미국에서 제대로 된 치료를 받을 수 없었기 때문이다.

이것으로 미국의 자존심은 무척 상했다. 부시 행정부는 허가 없이 쿠바에 입국했다고 해서 이들을 '적성국무역금지법' 위반 혐의로 조사했다. 우리나라도 허가 없이 쿠바에 갈 수 있는데, 바로 옆에 있는 미국 사람은 쿠바에 입국하려면 정부의 허가를 받아야 한다. 여행의 자유가 있는 민주주의 국가가 맞는가? 하긴 우리도 북한에 가려면 정부가 그 자격 심사를 한다. 대부분 별 이유도 없이 북한 입국을 허락해 주지 않는다. 그럼에도 북한에 다녀오면 국가보안법으로 바로 수감된다. 남한 체제가 북한보다 훨씬 우월하다고 주장하면서도 뭐가 그렇게 두려워 북한에 가고 싶어하는 사람을 못 가게 할까? 북한에 가고 싶은 사람은 얼마든지 가게 하면 오히려 북한에서 못 오게 막지 않을까? 우리가 쿠바에 쉽게 갈 수 있듯이 미국 사람은 우리보다 훨씬 더

수월하게 북한에 갈 수 있는 것을 보면 우습다. 가까이 있는 나라는 못 가고 멀리 있는 나라는 갈 수 있고, 똑같은 미수교 국가인데…….

쿠바는 전 인민에게 의료를 무상으로 제공한다. 그래서인지 모든 외국인은 쿠바에 입국하려면 개인적으로 건강보험이 있어야 한다. 그 것이 쿠바의 법임을 책자를 통해 미리 알고 있었다. 그래서 금발의 창 구 직원이 이 조항을 알려주어도 그런가 보다 했다. 그러나 이상한 것 은 그러한 법이 실시된 지 꽤 되었을 법한데 그 창구 직원은 옆에 있 는 사람에게 물어보는 것이다. 우리는 법이니까 모든 입국자들이 다 보험을 가지고 있는 줄 알고 그 직원이 친절하게 알려주는 곳으로 가 서 보험에 가입했다. 보상을 최소로 했음에도 체류 기간이 길어서 1 인당 75달러나 지불했다(이상한 것은 신용카드 회사가 아직도 이 75달러 를 청구하고 있지 않다). 나중 생각해보니 우리 세 팀 중, 아니 쿠바에 가려고 수속 중인 모든 승객 가운데 우리에게만 그런 조항을 내세운 것 같았다. 다른 두 팀에게는 그런 말을 하지 않았다고 한다. 그래서 보험이 없으니 분명 쿠바에 입국할 때 문제가 생길 것이라고 믿으며 비행기에 올랐다. 내 자리는 기내 맨 뒤 화장실 바로 앞자리였다. 왜 이렇게 이동 인구가 많은지 주변이 너무 시끄러웠다. 다음부터는 절 대 화장실 근처 자리는 사절하기로 다짐했다.

꿈에 그리던 쿠바 아바나에 30분 늦은 오후 8시 반에 도착했다. 첫 관문에서 얼굴이 길쭉하고 까무잡잡한 전형적인 쿠바 아가씨를 보니 '이제야 쿠바구나!'라는 생각이 들었다. 그런데 또 문제가 생겼다. GPS 단말기가 세관에 걸린 것이다. 세관원이 이것이 '무엇에 쓰는 물건인고?' 하는 궁금한 듯한 표정으로 통관을 시킬까 말까 고민하는 표정이었다. 그는 세관 창구 사이를 왔다갔다 하는 배가 불뚝 나온 아저씨를 불렀다. 표정으로 보아 자신의 상사인 것 같다. 그는 글씨가 깨알 같이 써 있는 책자를 이리저리 넘기며 들여다본다. 그의 표정에서 GPS 단말기가 금지 항목에는 없었음을 알 수 있었다. 나는 영어로 쿠바 자전거 여행 중 길을 찾기 위해 반드시 필요한 기기라고 그 용도를 설명했고 그 젊은이는 이해하는 듯했다. 하지만 배불뚝이 아저씨는 무전기 같이 생긴 단말기를 통관시키지 말라고 젊은 세관원에게 말하는 것 같았다. 작은 것이지만 공연히 통관시켜주었다가 문제라도 발생하면 자신에게 불리해질 거라고 생각한 듯했다. 비교적 우리에게 호의적으로 대해주려 했던 젊은 세관원은 좀 다르겠지 했던 기대도 이내 무너졌다. 그가 필요한 서류 정리하는 데 얼마나 느긋하던지 근 한 시간을 소요했다. 드디어 말로만 듣던 쿠바의 만만디를 처음 겪는 순간이었다. 그 느린 솜씨로 쓴 서류가 뭐가 또 잘못됐는지 박박 찢어버리고 다시 썼다. 성질 급한 한국 사람 복장 터진다. 결국 GPS 단말기를 보관하겠다고 했다. 그러면서 3일간은 무료이나 그 후부터는 수수료를 내야 한다고 친절하게 계산까지 해줬다. 초과한 일수에 따라 매일 2세우세CUC를 부과한다고 하고 반드시 쿠바 돈으로 내라고 했다. 출국할 때 찾아가려면 꼼짝없이 벌금조의 보관료를 지불해야만 했다.

그 사이 옆에 있던 흑인 여자 세관원이 캐나다 남자의 카메라 가방을 조사하다 렌즈를 떨어뜨렸다. 그러자 덩치가 큰 그 남자가 화들짝 놀라면서 뭐라 마구 떠든다. 그러나 렌즈를 떨어뜨린 그 세관원은 담담한 표정을 지었다. 어찌나 대조되던지, 그 렌즈 분명 망가졌을 것 같은데 보상은 받았을까? 1년치 임금으로도 모자랄텐데…….

　한 시간 남짓 지나 공항 대합실로 나오니 이미 밤은 깊었고 만나기로 한 정 선생이 한국 학생 둘과 함께 마중 나와 있었다. 먼저 나와 있던 다른 팀들과 함께 매우 걱정하며 기다린 표정이다. 미리 준비한 승합차는 기다리다 못해 먼저 갔고 다른 승합차 한 대를 잡아 그 많은 짐과 함께 모두 9명이 끼어 탔다. 우리나라 같으면 당장에 경찰 단속에 걸릴 이러한 행위가 이곳에서는 전혀 문제가 되지 않았다. 법이나 규정은 깨라고 있는 것인가?

스페인의 탐욕에 멸종된 쿠바 원주민

　쿠바는 멕시코 만에 위치해 있으며 북쪽으로는 플로리다 해협과 남쪽으로는 카리브 해, 그리고 동쪽으로는 대서양에 둘러싸여 전체적으로 악어 모습을 한 섬나라이다. 미국 플로리다에서 180킬로미터 그리고 멕시코의 칸쿤Cancun에서 210킬로미터 떨어져 있다. 면적은 약 11

만 평방킬로미터로 남한보다는 좀 크고 북한보다는 좀 작다. 길이는 동서로 약 1250킬로미터이며 남북은 40킬로미터에서 200킬로미터 정도이다. 서부에는 과니과니코Guaniguanico 산맥이 있고 중부는 대부분 구릉과 초원이며 동부에 시에라 마에스트라Sierra Maestra 산맥이 있다.

연평균 기온은 25도로 여름엔 27도, 겨울엔 23도 정도이다. 여행하기 좋은 계절은 12월에서 4월 사이로 이 시기를 벗어나면 고온다습하고 태풍을 맞을 수 있다. 나라의 새는 토코로로Tocororo로 그 울음소리에서 이름을 땄다고 하며 빨간색과 흰색 그리고 파란색의 깃털은 쿠바 국기의 색깔과 같다. 이 색들은 각각 혁명, 자유평등 그리고 이타주의를 상징하며 국기의 하얀 별은 독립된 주권을 의미한다.

쿠바에 사람이 살기 시작한 것은 4000년 전으로 추정된다. 스페인이 침략하면서 원정군들은 대부분 독신으로 들어왔기에 원주민 부녀자들을 강제로 정복했다. 이들 사이에 태어난 인종이 백인과 원주민의 혼혈인 메스티소mestizo이다. 원주민들은 처음 자기들 땅에 들어와 매우 어려운 상황에 처한 그들에게 호의를 베풀었다. 그러나 스페인의 탐욕에 의한 가혹한 식민 정책은 쿠바 원주민을 거의 몰살했다. 그러자 노동력이 필요한 백인들은 아프리카에서 흑인을 노예로 수입했다. 이들과 원주민 사이에 태어난 인종이 물라토mulato이다. 쿠바의 인구는 2008년 기준으로 1140만 정도이다. 그중 37퍼센트가 스페인의 후예로 식민지에서 태어난 크리오요criollo이다. 크리오요는 스페인 사람임에도 식민지에서 태어났다는 이유로 정치적으로 철저히 배제되어 스페인 출신에게 절대 복종해야 했다. 메스티소와 물라토가 51

나라의 새는 토코로로로 그 울음소리에서 이름을 땄다고 하며
빨간색과 흰색 그리고 파란색의 깃털은 쿠바 국기의 색깔과 같다.
이 색들은 각각 혁명, 자유평등 그리고 이타주의를 상징하며 국기의 하얀 별은 독립된 주권을 의미한다.

혁명, 자유평등,
이타주의를 상징하는 쿠바 국기와
체 게바라를 그린 아바나의 한 벽화.

퍼센트를 차지하며, 11퍼센트는 흑인의 후예 그리고 1퍼센트 정도는 중국인이다. 현재 순수한 원주민은 찾아볼 수 없다. 땅의 권리를 갖고 오랫동안 쿠바에 살던 주인이었으나 힘에 눌려 스페인에 노동력을 강제로 착취당했던 원주민이 완전히 사라진 것이다.

쿠바는 1961년 5월 1일 사회주의 국가임을 선포했다. 공식 국가 명칭은 쿠바 공화국República de Cuba이나 정치적으로는 공산당 1당 체재이다. 14개 행정 구역이 있고 수도는 아바나이다. 가장 큰 섬인 후벤투드 섬Isla de la Juventud은 특별 행정 구역으로 옛 지명은 피노스 섬이다. 이 섬의 감옥에 호세 마르티나 피델 카스트로 같은 정치범들이 수감되었다. 쿠바 혁명이 성공한 후 '젊음의 섬'이란 뜻의 후벤투드로 이름을 바꿨다.

1991년 말 소비에트 연방이 붕괴되어 소련이 해체된 후 쿠바는 경제적 어려움에 직면했다. 쿠바는 수정 헌법을 발표해 독립 영웅 마르티의 반제국주의 정신과 반미주의를 내세우며 사회주의로 나아갔다. 그러나 경제 사정은 더욱 악화되어 1993년 경제 개혁을 단행해 개방 정책을 실시했다. 미국의 계속된 쿠바의 경제 봉쇄에도 불구하고 쿠바는 관광 산업에 주력해 2010년 현재 1인당 국민 소득은 5520달러로 세계 94위이다. 이는 같은 공산권 국가인 중국이나 베트남보다도 높은 수치이다.[1] 문맹률은 3퍼센트 이내이며 평균 수명은 남자가 76세 그리고 여자가 78세이다. 종교는 스페인의 영향을 받아 가톨릭이 85퍼센트를 차지한다.

## 너무너무 지혜로운 말 '울띠모'

미리 예약한 까사Casa에 도착하니 우리가 묵을 방은 9층이었다. 우리 숙소가 있는 곳은 구 시가지였는데 도시의 분위기가 마치 시가전이라도 치르고 난듯 음산했다. 하지만 밤이 늦은 시간임에도 도로를 끼고 있는 주택의 이곳저곳에서 인기척을 느낄 수 있었다. 도로에는 많은 사람들이 돌아다니고 있었고 외국인 관광객들도 눈에 제법 띄었다. 우선 시장기를 해소하는 것이 급선무였기에 늦은 저녁을 해야 했다. 작은 식당들은 거의 문을 닫고 호텔 식당들만 불을 환하게 밝히고 영업을 하고 있었다. 할 수 없이 근처 광장에 있는 근사한 호텔 식당에서 저녁을 먹었다. 9명이 모두 잘 먹었더니 20만 원이 넘게 나왔다.

까사는 쿠바 정부에서 공인한 민박으로 원래 이름은 까사 파티쿨라 Casa Particular다. 보통 2인 1실로 대부분 한 집에 하나 내지 두 개 정도의 방이 있다. 숙박비는 보통 15세우세에서 35세우세 정도이며 우리는 20세우세를 냈다. 숙박비는 어느 정도 흥정할 수 있다. 아침이나 저녁 식사는 사전에 예약하면 준비해준다. 물론 추가 비용을 지불해야 한다. 어떤 까사는 방 값에 아침 식사 비용이 포함되어 있으니까 까사를 정할 때 조건을 분명히 해야 한다. 허가받은 곳은 문 앞에 세모꼴의 파란색 표시가 붙어 있다. 쿠바 사람들이 이용하는 까사는 빨간색이다. 주인은 숙박 일자 기록을 위해 여권을 요구한다. 하루 숙박비는 보통 쿠바 사람들의 한 달 임금에 해당하므로 세금이 상당히 높다. 탈세의 유혹을 계속 느끼다 보면 위험을 무릅쓰고 숙박 기록을 하지 않을 수도 있다. 여행 도중에 묵었던 여러 까사에서 은근슬쩍 탈세를 위해 숙박 기록을 하지 않는 것을 보니 자본주의와 사회주의의 모순된 합작품처럼 보였다.

우리 까사 주인은 머리를 완전히 밀어서 대머리 같은 모습을 한 50대 후반의 아저씨였는데 혼자 사는 것 같았다. 그는 원양 어선을 타던 은퇴한 선원이었다. 세계를 배로 돌아다녔다고 한다. 한국에도 가보았고 북한에도 다녀왔다고 한다. 어디가 더 좋았냐고 물었더니 당연히 북한이라고 대답해서 한편 놀라웠다. 우리보다는 북한이 그들의 우방국이니 쿠바인이 북한에 호감을 갖고 있다는 걸 느낄 수 있었다.

밤이 늦기는 했지만 우리는 자전거를 조립하느라고 한참 시간을 보냈다. 완전히 조립된 자전거를 베란다에 내놓고 쿠바에서의 첫날 밤을 보낼 수 있었다.

다음 날 아침, 한 나라의 수도에서 새벽 닭이 울어 잠을 깨운다. 이후 매번 새벽에 닭 울음소리를 들었다. 시골이건 도시이건 관계없이. 베란다에 나가 바라보니 바다가 바로 눈앞에 펼쳐져 있다. 멕시코 만과 대서양을 연결하는 플로리다 해협이다. 맑으면 보인다고 할 정도

●

나라의 수도에서 새벽 닭이 울어 잠을 깨운다.
이후 매번 새벽에 닭 울음소리를 들었다. 시골이건 도시이건 관계없이.
베란다에 나가 바라보니 바다가 바로 눈앞에 펼쳐져 있다. 멕시코 만과 대서양을 연결하는 플로리다 해협이다.

까사 9층에서 바라본 아침 풍경.
쿠바에서 맞은 첫 아침, 옥색 바다가
보여준 풍경은 지금도 잊을 수 없다.

로 가까운 거리에 노벨 문학상 수상자인 헤밍웨이가 살았던, 그래서 유명해진 미국 플로리다 주의 키 웨스트Keys West가 있다. 주변 건물의 외관은 매우 남루했으나 옥색의 바다 풍경은 쿠바에서 첫 아침의 장관을 나에게 보여주었다.

듣던 대로 화장실의 변기에는 몸통만 있고 뚜껑은 물론 엉덩이 걸치는 부분도 없었다. 밤에 졸졸 나오던 물은 아침이 되니 잘 나오지는 않았으나 그런대로 쓸 만큼은 나왔다.

까사에서 아침 식사를 했다. 나보다 조금 나이가 들어 보이는 주인 아저씨가 귤과 구아바 같은 과일 주스, 햄을 곁들인 달걀 프라이 그리고 맛이 밋밋한 빵을 내왔다. 우유와 함께 커피도 준비되었다. 우유를 곁들인 커피는 우리에게 처음으로 쿠바의 커피 맛을 보여줬다. 고 원장 부부가 묵은 집의 주부는 아이들 때문에 너무 바빠 아침을 못해준다고 해 우리와 함께 아침 식사를 했다.

쿠바는 음악과 춤의 낙원이라 했던가? 아니 여기에 하나 더 추가하면 그림이 있다. 쿠바의 그림은 색채가 매우 화려하다. 영화를 통해 본 쿠바에는 여기저기 그림이 없는 곳이 없을 정도였다. 바로 이 까사에도 그림이 걸려 있다. 베란다 한 벽면에 타일로 그림을 붙여놓았다. 쿠바의 모든 교육은 무료다. 그러나 외국인에게는 수업료를 받는다고 한다. 쿠바의 산업은 대부분 낙후되어 있지만 음악과 춤 그리고 그림은 수준이 높다. 이것을 배우러 많은 외국인이 유학 온다.

환전소cadeca에서 환전할 때 '울띠모ultimo'[2]라는 말을 처음으로 사용해 보았다. 울띠모란 마지막 사람 또는 제일 뒷사람을 뜻하는 스페인 말이다. 그들은 앞 순서에 있는 몇 명만 줄을 서고 나머지는 모두 여기저기 흩어져 있다. 새로 들어온 사람이 '울띠모'라고 말하면 마지막 사람을 알려준다. 새로운 사람은 그 사람만 기억하고 그 사람이 환전하려고 줄을 서면 그 다음에 서면된다. 끊임없이 줄을 서 있는 것보단 훨씬 지혜로운 방법이 아닐 수 없다. 지금은 사라졌지만 미국 비자를 받기 위해 날씨에 관계없이 미국 영사관 주변에 늘어선 우리 한국인의 모습이 눈에 선하다. 수십 년 동안 이대로 방치한 한국 정부가 정말 문제이지만, 이러한 정부를 이끈 정치가들을 누가 뽑아주었는가? 이러한 한국인들을 바라보는 미국인들은 한국을 어떻게 생각했을까? 나라의 자존심은 스스로 지켜야 한다.

쿠바에서는 이중 화폐를 사용한다. 쿠바인이 보통 사용하는 화폐는 세우페CUP이고, 외국인이 많이 사용하는 화폐는 세우세CUC이다. 그러나 모두 페소Peso로 불린다. 세우페는 주로 농산물에 사용되며 세우세는 주로 공산품에 사용된다. 그 가치가 24배나 되니 세우페로 월급을 받는 쿠바 사람은 공산품 같이 세우세로 지불해야 하는 상품을 구입하기가 매우 힘들다. 그래서 가격이 싼 모조품을 많이 구입한다. 1세우세는 원칙적으로 미화 1달러에 고정되어 있어 바로 맞바꿀 수도 있지만 보통 호텔이나 여행사에서는 10퍼센트의 수수료를 제한다. 물론 환전할 때도 약간의 수수료를 낸다. 쿠바에서는 미국 달러를 사용

환전소 앞 줄을 선 사람들. ●
원칙상 관광객은 세우페를 사용할 수 없지만 시내 환전소에서 세우세를
세우페로 환전하면 좀더 저렴하게 여행할 수 있다.

하면 그동안 수수료가 많이 붙어 잘 사용하지 않았고 주로 유로나 캐나다 달러를 썼다. 그래서 그 사실만 믿고 캐나다 달러로 환전해서 갔는데 우리가 방문하기 직전에 미 달러로 환전이 가능해졌다고 한다. 현지에 살고 있는 정 선생이 우리가 한국에서 출발하기 전에 알려준 것 같기도 한데 잊어버리고 관성대로 한 것이 수수료를 더 지불하는 결과를 초래했다. 이제는 미화로 환전해 오는 것이 훨씬 싸고 편하게 되었다.

환전소는 외국인이 자주 찾는 도시에는 곳곳에 있으나 외국인이 잘 찾지 않는 시골에서는 찾기 힘들다. 그러므로 세우세는 물론 세우페도 항상 준비하는 것이 좋다. 공항에 있는 환전소보다는 시내에 있는 환전소가 좀더 유리하다고 한다. 돈을 바꾸면 영수증을 준다. 가능하면 소액권인 1, 3, 5, 10, 20세우세로 환전하는 것이 편리하다. 50세우세가 넘는 고액인 경우 여권을 제시하고 돈의 일련 번호까지 적어야 하는 번거로움이 있다. 또한 현지에서 사용할 때 잔돈이 없는 경우가 많아 사용하기 불편하다. 세우세를 세우페로 환전하면 액면가의 24배를 준다.

우리 숙소 근처의 환전소 분위기는 우리나라의 은행과는 거리가 멀었다. 일단 보안요원이 총을 들고 지키고 있었다. 환전소 안에는 오직 업무 처리를 하는 직원 한 명과 그 다음 대기자 한 명만이 들어갈 수 있었다. 우리는 언어 소통을 위해 사정해서 정 선생과 같이 들어갈 수 있었다. 하지만 카운터 직원은 왜 두 명이나 들어왔냐고 하면서 불만 섞인 표정으로 우리를 벽 쪽에 가서 대기하라고 했다. 우리가 밖에서 기다리는 동안에 현금 수송 차량이 와서 요원들이 현금 배낭을 차에 싣는 과정을 볼 수 있었는데 기관총으로 무장한 요원들은 상당히 긴장한 상태에서 일을 마무리 하고는 쿠바에선 보기 힘든 현대화된 장갑차에 많은 배낭을 싣고 어디론가 훅 가버렸다.

문명화의 사명?

카스티야의 공주 이사벨 1세는 1469년 아라곤의 왕자 페르난도와 정략결혼을 했다. 1472년 왕위를 상속받으면서 그녀는 카스티야–아라곤 연합 왕국인 에스파냐 왕국의 여왕이 되었다. 이사벨 여왕은 1492년 이베리아 반도 남부에 남아 있던 이슬람 국가인 그라나다 왕국을 점령해 이베리아 반도에서 아라비아 세력을 완전히 몰아내 스페인 제국 시대를 열었다. 이사벨 여왕은 당시 크리스토퍼 콜럼버스가 제안한 새로운 항로의 개척을 지지한 유일한 사람이었다. 콜럼버스는 이사벨 여왕의 후원을 받아 1492년 8월 2일 스페인 범선 산타마리아, 니냐, 핀타 3척을 이끌고 스페인 팔로스Palos 항을 떠났다.

콜럼버스는 1492년 10월 12일 현재의 바하마 군도에 도착했다. 처음 도착한 이 섬을 그는 구세주란 의미로 산살바도르San Salvador라 이름 지었다. 그는 이곳을 동방으로 착각해 지나온 암초와 열도 지역을 서인도제도 그리고 원주민을 인디언[3]이라 불렀다.

콜럼버스가 도착할 무렵 쿠바에는 원주민들이 살고 있었고 다수를 차지한 타이노 족은 이미 농사를 짓고 있었다. 이들의 도움으로 콜럼버스 일행은 쿠바 북부에 상륙했다. 1492년 12월 산타마리아 호가 쿠바 동남쪽 에스파뇰라(지금의 아이티) 섬 북부 해안에서 좌초되었을 때 타이노 족이 콜럼버스 일행을 진심으로 도왔던 까닭에 콜럼버스는 살아서 건강하게 스페인으로 돌아갈 수 있었다.

콜럼버스는 1493년 함대 16척과 군사 12000명을 이끌고 다시 2차 탐험에 나섰고, 황금을 찾으러 쿠바 내륙 원주민 부락까지 들어갔다. 쿠바 원주민 중 호전적이며 식인의 습관이 있는 카리브 족은 스페인 정복자들과 끝까지 맞서 처참한 운명을 맞이했다. 스페인 정복자들은 카리브 족의 이름을 따 자신들이 지나온 드넓은 바다를 카리브 해라 불렀다. 카리브 해는 남아메리카와 스페인을 연결하는 교통과 운송의 중요한 기지 역할을 했다. 쿠바는 지리적으로 남아메리카와 북아메리카를 연결하는 교량 역할을 하게 되어 신대륙으로 진출하려는 제국주의자들에게는 반드시 거쳐가야 할 곳이 되었다.

신대륙이 알려지면서 유럽의 수많은 탐험가가 이 지역으로 건너왔다. 콜럼버스가 사망한 1506년 이탈리아 탐험가 아메리고 베스푸치는 이 지역이 유럽과 아시아 사이의 신대륙이란 사실을 알아냈다. 이

콜럼버스는 이사벨 여왕의 후원을 받아
1492년 8월 2일 스페인 범선 산타마리아, 니냐, 핀타 3척을 이끌고
스페인 팔로스 항을 떠났다.

1492년 10월
콜럼버스의 산살바도르
도착을 그린 삽화.

후 신대륙은 아메리고의 이름을 따서 아메리카로 불리게 되었다.

1510년 스페인 정복자 벨라스케스가 관타나모를 통해 섬에 들어가면서 동에서 서로, 남에서 북으로 쿠바를 정복하기 시작했다. 스페인 정복자들은 이유 없이 원주민들을 살육했다. '인디언은 영혼이 없는 동물과 같다'고 생각한 그들은 원주민들을 가혹하게 다루었다. 힘들게 육체노동을 하지 않아도 풍요롭게 살았던 타이노 족을 포함한 원주민들은 체구가 작고 허약했다. 정복자들의 침입 후 그들은 폭정을 견디지 못해 많은 수가 자살했고 그나마 살아남은 사람조차 스페인 사람이 옮긴 전염병으로 거의 전멸했다. 쿠바 원주민의 문명은 완전히 사라졌고 지금 남아있는 몇 안 되는 그들의 유물로 그들이 존재했음을 알 뿐이다.

쿠바 정복에 참여한 젊은 성직자인 바르톨로메 데 라스 카사스 신부는 잔인한 실상을 알리고 원주민들을 보호하는 인디언 보호법을 스페인 왕실에 청해 제정했으나 이 법은 유명무실해지고 원주민에 대한 가혹한 노동력 착취는 그치지 않았다. 스페인 사람들이 들어오기 전 쿠바에 살고 있던 11만 명의 원주민이 1550년에는 3000명으로 급감하고 1560년에는 거의 전멸했다. 그러자 정복자들은 식민지를 개척할 노동력을 충당하기 위해 아프리카에서 흑인 노예를 수입하고 계약 노동자로 중국인들을 데리고 왔다. 스페인 왕실이 끊임없는 유럽의 전쟁 비용을 충당하기 위해 금을 채취하자 쿠바의 금은 바닥을 드러냈다. 쿠바 열풍은 사라지고 쿠바는 명목상의 식민지 영토로 남게 되었다. 식민지 개척의 중심은 아메리카 대륙으로 옮겨갔다.

1588년 스페인의 펠리페 2세의 무적함대가 영국 엘리자베스 1세의 해군에 패하면서 스페인 제국은 몰락하기 시작했다. 카리브 해는 해적들과 제국주의 지방 귀족들의 낙원이 되었다. 아바나는 아메리카에서 채취한 황금을 실은 스페인 상선이 본국으로 돌아가기 위해서 반드시 거쳐야 하는 중간 기착점이 되자 해적이 들끓기 시작했다. 스페인 상선은 아바나 항에 모였다가 1년에 두 번 군함의 보호를 받으며 본국으로 돌아갔다. 해적과 유럽 열강의 침입에 대비하기 위해 스페인 정복자들은 아바나 해안에 성벽을 축조했다.

1762년 영국이 쿠바 서부 지역을 점령하고 영국의 간섭으로 쿠바의 사탕수수 산업이 자유무역 체제에 편입되었다. 동시에 노예 저항 운동을 불러일으켰다. 1763년 스페인과 영국은 파리 조약을 체결해 스페인은 플로리다를 영국에 넘겨주는 조건으로 쿠바를 되찾았다. 1824년 페루 아야쿠초 전투에서 스페인이 패하면서 스페인이 지배하고 있던 대륙의 나라들이 독립을 선언했다. 그러나 경제와 군사 전략상 매우 중요한 쿠바는 몰락하는 스페인의 마지막 자존심이었으므로 쿠바를 포기할 수는 없었다. 그러나 300여 년간 아메리카 대륙의 관문으로서 스페인 제국에 침탈당한 쿠바는 1898년 미국으로 넘어갔고 또 다시 쿠바는 미국에 의해 수탈당했다.

기독교를 신봉한 스페인을 비롯한 유럽의 제국과 미국이 식민지 지배를 하면서 양심의 가책은 느끼지 못했을까? 이것을 이론적으로 뒷받침한 것이 이른바 '문명화의 사명Civilizing Mission'이다.[4] 인류 전체의 이익을 위해 자원을 더 많이 개발해야 하는 데 식민지 원주민은 그럴 수 있는 문명 단계에 도달해 있지 못하므로 할 수 없이 유럽인이 가서 그들을 계몽하고 자원도 대신 개발해야 한다는 논리이다. 일본의 조선 지배를 타당하게 보는, 이른바 '뉴 라이트'라고 하는 단체가 주장하는 '식민지 근대화론'을 꼭 닮았다. 이와 같은 주장은 존 로크에 의해 최초로 아메리카 식민지 침탈을 정당화하는 논리로 체계화됐다. 존 로크는 원주민은 원시적 인간으로 정치적, 경제적 권리를 지니고 있지 않다고 주장했다. 정말 웃기는 논리다. 그렇다면 왜 인류 전체의 이익을 위해 경제적 이익은 고루 나누어 갖지 않았나?

스페인 정복자의 무자비한 폭정과 그들이 옮긴 전염병으로 원주민이 거의 전멸하자 식민지 정복자들은 식민지를 개척할 노동력을 충당할 필요를 느꼈다. 스페인 왕실은 1513년 세비야 항에서 가톨릭 세례를 받은 스페인의 흑인 노예를 쿠바로 수출할 수 있도록 허가했다. 이로써 쿠바의 노동 인력이 원주민에서 아프리카 노예로 바뀐다. 흑인 노예는 짐승처럼 다루어졌다. 정복자들은 흑인 노예가 도망가지 못하도록 마스크나 수갑, 족쇄 등을 채웠다.

유럽 열강의 경쟁적 노예 무역은 오늘날 쿠바에 복잡하고 다양한 흑인 사회 구조와 문화를 탄생시켰다. 쿠바에 도착한 노예들은 가혹한 환경에서 평균 7년밖에 살지 못했다. 주인들은 노예들에게 가톨릭 교리를 듣게 하고 세례를 받게 하는 것 외에 어떠한 교육도 시키지 않았다.

1804년 아이티가 투생 루베르튀르 장군의 지도 아래 독립해 최초로 흑인 민주 국가를 세웠다. 그 이후 열강들은 차례로 노예제를 폐지했고 이는 미국 남북전쟁의 불씨가 됐다. 1865년 미국이 노예제를 폐지하고 이어서 1870년 스페인은 푸에르토리코에서 노예제를 폐지했다. 그러나 쿠바에서는 노예제가 지속되었다. 왜냐하면 스페인 정부가 농업의 기계화를 방해해 노예 노동력에 의존해야 했고, 복잡한 흑인 사회 구조로 노예들은 단합하기 어려웠으며 또한 지주들이 노예 반란을 철저히 진압했기 때문이다.

1844년 쿠바 역사상 가장 격렬한 저항 운동이 일어났으나 실패했다. 그러나 이후 일어난 10년 전쟁은 다양한 인종을 하나로 뭉치게 해주었다. 노예 제도는 초기 자본주의 형성에 중요한 경제적 기반이었으나 이후 오히려 자본주의 발전에 큰 장애물이 되었다. 그래서 각 나라가 노예 제도 폐지를 선언했고, 스페인 정부는 1868년에 노예제 폐지를 선언했다.

노예 해방은 노예들의 불쌍한 처지를 생각한 인본주의에서 나온 것으로 착각할 수 있다. 그러나 그것 역시 자본주의의 이익을 추구하기 위해서 시작된 것이다. 영국은 자국 농산물의 경쟁력을 높이기 위해 쿠바의 노예 해방 운동에 적극 개입하게 된다. 그러자 쿠바의 대지주와 노예 상인들은 영국의 노예해방주의 영향으로 스페인 정부가 노예제를 폐지할 것을 염려해 미국이 쿠바를 합병하는 것까지도 지지했다. 물론 이는 실패했다.

중국인의 경우는 흑인 노예와는 달리 강제로 끌려온 것이 아니라 계약에 의한 것이었다. 그래서 이들을 쿨리Los Cuiles라 부른다. 계약 노동자란 뜻이다. 스페인은 대체 노동력이 필요하자 1847년 스페인의 이사벨 2세가 중국인 쿨리 수입을 허가했다. 스페인은 1864년 중국과 톈진 조약을 맺고 쿠바로 수출할 중국인 노동자를 모집했다. 중국 연안 지역의 인구는 늘어나고 있으나 흉년이 들어 중국인들은 먹고 살기가 매우 힘들었다. 이러한 때 영국과 아편전쟁에서 패한 중국은 문호를 개방해야 했고 이에 맞추어 노예 상인들도 들어왔다. 많은 중국인들은 노예 상인들에게 속아서 끌려왔다. 그러나 노동 환경이 매우 열악해 계약 기간 내에 중국인 쿨리의 사망률은 75퍼센트에 달했으며 평균 노동 수명은 5년에 불과했다. 그러자 중국 정부는 1880년 새로운 협약을 맺어 중국 쿨리들은 인권과 자유를 얻고 노예 노동 계약은 사라졌다.[5]

쿠바의 독립 영웅 호세 마르티

현지인들이 타는 1950년대 만들어진 구형 택시에 자그마치 7명이 함께 끼어서 쿠바 호텔의 대명사인 나씨오날 호텔Nacional Hotel 근처까지 타고 갔다. 호텔 근처에서 쿠바인들이 자주 먹는 길거리 피자로 점심을 해결했다. 길거리 허름한 곳에서 파는 데, 한 판의 크기가 손바닥보다 조금 커서 한 끼 분량 정도 되며 가격은 10페소였다. 물론 현지인들이 주로 사용하는 세우페로 10페소는 우리 돈으로 500원[6] 정도다. 정 선생의 주장에 의하면 나씨오날 커피가 죽여준다고 한다. 그래서 점심은 대충 길거리 피자로 때웠지만 커피는 호텔에 가서 마시자는 권고에 따르기로 했다.

커피를 마시려 나씨오날 호텔로 들어갔다. 커피 한 잔에 3페소였다. 1세우세가 미화 1달러에 해당하니 우리 돈으로 3600원 정도이다. 바로 눈앞에 펼쳐진 말레콘 비치와 카리브 해를 바라보며 커피를 마실 수 있었다. 호텔 아래쪽의 말레콘 해변을 따라 길게 늘어선 방파제 위에는 간간히 커플들이 뙤약볕임에도 방파제에 걸터앉아 사랑이라도 나누는 것 같다. 아니 모르지 서로 헤어짐을 이야기 하는지도……. 커피를 마시고 있으니 기타를 맨 3명의 악사들이 오며 노래를 불러도 좋겠냐고 한다. 그들은 쿠바 민요를 주로 부른다. 〈관타나메라 Guantanamera〉의 본 노래를 하기 전 그 도입부에 부른 의성음은 너무 자연스러웠고 듣기 좋았다.

'관타나메라'는 관타나모Guantanamo 출신의 시골 소녀를 뜻한다. 쿠바의 독립 영웅 마르티가 1889년 발표한 시 〈소박한 시〉가 1950년대에 〈관타나메라〉의 가사로 알려졌다. 마르티는 16세에 독립 전쟁인 10년 전쟁에 참가한 쿠바에서 으뜸가는 애국자다. 〈관타나메라〉의 작곡가는 호세이토 페르난데스다. 가사의 내용은 다음과 같다.[7]

관타나메라 과히라 관타나메라/ 관타나모의 농사짓는 아낙네여

나는 종려나무 고장에서 자라난/ 순박하고 성실한 사람이랍니다.

내가 죽기 전에 내 영혼의 시를 여기에/ 사랑하는 사람들에게 바치고 싶습
니다.

내 시구절들은 연두빛이지만/ 늘 정열에 활활 타고 있는 진홍색이랍니다.

나의 시는 상처를 입고 산에서 은신처를 찾는/ 새끼 사슴과 같습니다.


여기서 과히라guajia는 농사짓는 여인을 말한다. 관타나모는 쿠바 남
동쪽에 위치한 지역으로 쿠바 속의 미국이나 마찬가지다. 쿠바가 스
페인에서 독립하려 했던 1898년 스페인과의 전쟁 중에 미국이 개입해
이 땅을 강제로 차지했고 공식적으로는 임대하고 있으나 강탈이나 마
찬가지이다. 관타나모는 미국의 가장 오래된 해외 기지로 국제법은
물론 미국법도 지키지 않는 초법적인 지역이다. 미국은 2001년 아프
가니스탄에서 탈레반이나 알 카에다 혐의로 체포한 사람들을 이곳에
억류했다. 미국 정부는 그들을 전쟁 포로로서 정당한 대우를 하지 않
았을 뿐 아니라 가족은 물론 변호사 접촉도 못한 상태에서 장기 구금
을 하며 고문과 같은 가혹 행위를 가하는 등 비인도적 행위로 국제 엠
네스티를 비롯한 많은 인권단체들과 유럽 각국의 비판을 초래했다.

혁명 광장Plaza de la Revolución으로 갔다. 쿠바 혁명 4인방 중 이미
고인이 된 체 게바라와 카밀로 시엔푸에고스의 윤곽이 광장을 마주보
는 건물 벽에 선명하게 붙어 있다. 시엔푸에고스 얼굴 아래 적힌 문구
는 카스트로가 혁명에 성공하고 아바나로 입성했을 때 "우리 잘하고

있나?" 하는 그의 질문에 시엔푸에고스가 한 대답이다. "그래 너 잘하고 있어, 피델vamos bien, fidel." 밤에는 윤곽을 따라 불이 켜진다. 마르티의 백색 동상이 우뚝 솟아 있는 기념관 1층에서 마침 그림 전시회 개막이 있었다. 쿠바 그림이라고 알려주듯 색상이 매우 화려했다. 많은 사람들과 함께 전시관에서 준 헤밍웨이가 즐겨 마신 칵테일로 유명한 모히토 한 잔을 마시며 그림을 감상했다.

다시 까사에 도착하니 우리 방에 이미 새 사람이 투숙했다. 정 선생을 만나 한국 학생이 구입한 휴대전화를 빌렸다. 우리가 직접 구입하려 했지만 외국인이 직접 구입하려면 가격이 두 배나 된다고 한다. 열흘간의 자전거 여행 동안 우리의 거취를 알 수 있는 유일한 연락 수단을 갖게 된 것이다. 하지만 자전거 여행 동안 이 전화기를 사용한 적은 별로 없었다. 우리는 완전히 고립된 상태를 유지했고 외부와의 단절감을 즐겼다. 우리가 소속된 인연과의 단절감은 우리 옆을 스쳐가는 풍경과 앞으로 나아가기 위한 끊임없는 페달링의 피곤함으로 점점 줄어들었다. 그리고 마음에 평온함이 찾아왔다.

혁명 광장으로 갔다. 쿠바 혁명 4인방 중 이미 고인이 된 체 게바라와 카밀로 시엔푸에고스의 윤곽이
광장을 마주보는 건물 벽에 선명하게 붙어 있다. 시엔푸에고스 얼굴 아래 적힌 문구는
카스트로가 혁명에 성공하고 아바나로 입성했을 때 "우리 잘하고 있나?" 하는 그의 질문에
시엔푸에고스가 한 대답이다. "그래 너 잘 하고 있어, 피델."

아바나 베다도Vedado에 있는 혁명 광장 앞.
왼쪽이 체 게바라, 오른쪽이 카밀로 시엔푸에고스의 얼굴이다.
특히 내무성 건물 벽면을 장식한 체 게바라의 철골 구조물은 이 광장의 상징이 되었다.

쿠바의 독립을 빼앗은 미국

　스페인의 강압 정책으로 점차 쿠바 내에서 반발이 일어났고 쿠바인
들의 독립과 자유에 대한 열망이 불타올랐다. 1868년 10월 오리엔테
지방의 제당업자 카를로스 마누엘 데 세스페데스가 데마야과Demajagua
의 야라Yara 마을에 있는 사탕수수 농장에서 자신의 노예를 해방시키면
서 쿠바의 독립을 선언하고 전국에 성명서를 발표했다. 〈야라의 외침El
Grito de Yara〉으로 기록된 이 선언은 스페인에 맞선 10년 전쟁의 시작
이었다. 그는 스페인의 강권 통치가 쿠바의 자유를 박탈하고 있고 가
혹한 관세 제도는 쿠바의 경제 이익을 해치고 있다며 스페인을 규탄
했다. 노예 제도를 강력히 비판하고 모든 국민이 평등한 사회를 만들
어야 한다고 주장했다. 이 선언에서 쿠바 최초로 스페인에 대항했던
타이노 족 추장 아투에이를 기리었다.
　아투에이에 대해서는 다음과 같은 일화가 있다. 스페인인이 자신이
살던 섬을 점령하자 아투에이는 쿠바로 도망쳤다. 그는 부족을 이끌
고 스페인에 저항했으나 결국 포로로 잡혔다. 스페인은 그를 화형에

처했다. 화형당하기 전 신부가 그에게 세례를 받고 가톨릭 신자가 되기를 권유했다. 그가 왜 가톨릭 신자가 되어야 하는지 그 이유를 묻자, 신부는 그래야 죽어서 당신의 영혼이 천당에 갈 수 있기 때문이라 했다. 스페인 사람도 죽어서 천당에 가냐고 묻자 신부는 그렇다고 대답했다. 그러자 아투에이는 "나는 스페인 사람이 있는 천당에는 절대 가지 않겠다"고 말하며 세례를 거부했다.[8] 아투에이는 물었다. "당신들의 신은 왜 그토록 잔인한가?" 사랑을 강조하는 기독교의 신 예수를 일컬음이다. 예수는 만인에 대한 사랑을 강조했다. 그러나 예수를 추종하는 자들은 말로만 사랑을 떠들지 이해관계가 얽히면 잔인하기 이를 데 없다.

1871년 아바나 대학생이 스페인 대지주의 묘지를 훼손했다는 누명을 쓰고 총살되자 감정의 골은 더욱 깊어져 독립운동이 더욱 거세어졌다. 1874년 스페인이 세스페데스를 처형한 이후 수많은 지식인들은 물론 해방된 노예와 쿨리 들도 혁명에 가담했다. 그러나 해가 거듭되면서 독립군 내부는 분열되었고 자신의 이익에만 치중한 집단이 스페인에 협력해 결국 독립 전쟁은 실패했다.[9] 쿠바 최초로 해방 혁명의 상징이 된 이 사건은 1878년 스페인의 승리로 끝났고 공식적으로 노예제는 폐지되었다. 이 전쟁을 10년 전쟁이라고 한다.

독립 전쟁이 실패로 돌아가면서 1878년 일부 자산계층이 자유당을 창당했다. 자유당은 쿠바 사람들에게도 스페인 사람과 같은 권리를 부여하고, 쿠바에도 스페인과 같은 법을 실시하며 정부가 노예주에게 배상하고 노예제를 폐지할 것을 요구했다. 또한 쿠바 생산품에 대한 수출입 관세도 낮추어줄 것을 요구했다. 그러나 스페인 정부는 쿠바의 자유화 개혁을 일축했다.

여러 비밀 조직이 결성되고 많은 독립투사가 독립 전쟁을 일으켰으나 제대로 성사되지 못하고 처형되기만 했다. 이때 두각을 나타낸 독립투사가 마르티다. 쿠바 태생인 스페인 부모에게서 태어난 그는 16세 때 10년 전쟁에 참가해 6년형을 선고받았다. 이후 스페인으로 건너가 문학과 철학 그리고 법학을 공부했다. 남미의 여러 나라를 두루 다니면서 스페인 식민주의가 지배한 아메리카의 실체를 직접 경험하고 새로운 문화 공동체 건설을 시도했다. 1879년 혁명에 실패해 투옥된 후 다음 해 석방되어 미국으로 망명했다.

남아메리카를 우리 아메리카로 부른 그는 〈우리 아메리카Nuestra America〉(1881)라는 결의문에서 미국을 그들만의 아메리카로 규정하고 미 제국주의의 등장을 예언하며 우리 아메리카가 단결해 미국의 야심을 저지해야 한다고 주장했다. 이 결의문은 이후 남아메리카 사람들이 현실을 자각하는 중요한 매개가 되었다.

1892년 마르티는 뉴욕에서 쿠바 혁명당을 조직하고 푸에르토리코 해방을 적극 지원했다. 1894년 쿠바 혁명당을 지휘하며 독립 전쟁 준비를 시작했다. 쿠바에서 활동하고 있는 독립군과 연합해 스페인 통치 전복을 기도했다. 12월 무기와 독립군을 실은 배 세 척이 플로리다를 떠나 쿠바로 가려 했으나 미국의 방해로 두 척이 플로리다에 억류되었다. 다음 해 1월 쿠바 내의 독립군은 마르티의 군사 원조 없이 독자적으로 독립 전쟁을 시작했다. 초반 중서부 투쟁에서 겪은 열세를

여러 비밀 조직이 결성되고 많은 독립투사가 독립 전쟁을 일으켰으나 제대로
성사되지 못하고 치형되기만 했다. 이때 두각을 나타낸 독립투사가 마르티다.
쿠바 태생인 스페인 부모에게서 태어난 그는 16세 때 10년 전쟁에 참가해 6년형을 선고받았다.

혁명 광장 앞 호세 마르티 기념관.
그의 각종 유품과 활약상을 담은 사진 등을
전시하고 있다.

1895년 동남부를 기점으로 제2차 독립 전쟁을 시작하며 열세를 극복해나갔다. 1895년 4월 해외 독립군이 합류하면서 쿠바의 독립 전쟁은 더욱 활기를 띠기 시작했으나 함께 온 마르티는 스페인 정부군의 총탄에 죽음을 맞이한다.

1895년 9월 독립군은 카마구에이Camagüey에서 쿠바 공화국를 수립하고 막시모 고메스는 총사령관이 되었다. 물라토 출신인 흑인 장군 안토니오 마세오는 부사령관이 되었으나 1896년 12월에 서부 전선에서 전사한다. 미국은 아이티에 이은 제2의 흑인 공화국 탄생을 염려해 독립군에 대한 원조를 거부했다.

독립군이 쿠바의 절반 이상을 해방시키자 쿠바의 독립을 원하지 않은 미국은 쿠바 전쟁에 개입하려 했다. 그러자 시카고의《노동자 세계 Labor World》는 다음과 같이 말했다.[10]

> 이 전쟁은 가난한 사람들이 돈을 내서 치르는 가난한 사람들의 전쟁이다. 늘 그렇듯 부자들은 전쟁으로 이득을 본다.

그렇다. 가난한 쿠바 사람들이 식민지 지배에서 벗어나기 위한 전쟁에 미국이 참전해 결과적으로 미국의 자본가들을 살찌게 했다. 그 반대급부는 쿠바 인민의 가난한 삶이었다.

1898년 미국은 쿠바에 체류하고 있는 미국인을 보호한다는 명목으로 스페인의 반대를 무릅쓰고 전함 메인 호를 아바나 항에 입항시킨다. 입항한 지 채 3주도 지나지 않은 2월에 아바나 항에 정박 중이던 메인 호가 폭발해 260명의 미군이 목숨을 잃는 사건이 발생한다. 스페인이 사건을 조사한 결과 내부에서 폭발한 것으로 판명 났으나 미국은 스페인 함정이 쏜 어뢰에 맞아 폭발했다고 주장하며 언론을 조작해 이를 스페인과의 전쟁에 빌미로 삼았다. 스페인은 전쟁을 피하려 했으나 미국은 일방적으로 4월 21일 선전 포고를 했다. 나중에 밝혀졌지만 이 사건은 미국의 자작극이었다. 미국이 자국 함인 메인 호를 스스로 침몰시킨 것이다. 미국은 자본가들의 이익을 위해 무고한 젊은이들의 목숨마저 앗아갔다. 미국은 1965년에 베트남을 폭격할 때도, 2003년에 이라크를 침략할 때도 조작한 사건을 언론에 흘려 침략의 명분으로 삼았다.

1898년 4월 미국은 스페인과 국교를 단절하고 전쟁에 돌입했다. 이 전쟁에서 미군 5500여 명이 전사했는데 대부분 군수업자가 납품한 부패한 음식을 먹고 죽었다.[11] 이미 동부를 점령한 독립군은 미국이 쿠바 공화국 수립을 도와줄 것으로 믿고 함께 스페인과 전쟁을 했다. 결국 미국을 당할 수 없었던 스페인은 12월 10일 미국과 파리 조약을 체결했다. 그러나 미국은 이 조약에 쿠바 대표단을 참석시키지 않았고 스페인 민간 정부가 공공 업무를 계속 보게 했다. 스페인은 파리 조약으로 쿠바는 물론 푸에르토리코, 필리핀 그리고 괌을 미국에 넘기게 된다. 스페인과 미국 간 전쟁의 명목은 쿠바와 푸에르토리코를 해방시키기 위함이었지만, 미국은 새로 얻은 이 지역들을 식민지로 삼았다. 특히 푸에르토리코는 파나마 운하 공사를 위한 석탄 보급항으로서 완벽한 조건을 갖추었다.[12] 필리핀은 후에 독립했지만 푸에르토리코와 괌은 미국의 영토가 되었다.

12월 19일 독립군 총사령관인 고메스는 쿠바가 진정한 독립을 쟁취하기 전에는 절대 총을 내려놓을 수 없다는 선언문을 발표한다. 그러나 1899년 1월 1일 쿠바는 미국으로 이양됐다. 미국은 우선 쿠바혁명당을 해체했고 독립군을 해산했다. 토지를 헐값에 사들이면서 쿠바 역시 합병하려 했다. 그러나 쿠바의 합병이 자신들의 이익에 반할 것이라는 미국 남부의 강력한 반대로 이 계획은 무산됐다.

비록 미국은 쿠바를 합병하지는 않았지만 1901년 쿠바의 내정을 간섭하기 위해 플래트 수정안Platt Amendment이 포함된 쿠바 헌법을 통과시켰다. 이 수정안으로 미국은 필요하면 언제든지 쿠바에 군사 개입을 할 수 있게 되었고 관타나모에 해군 기지를 세워 실질적으로 자신의 영토로 삼았다. 제2차 독립 전쟁으로 40만 명의 희생자를 낳았으나 쿠바는 해방되지 못하고 스페인에 이어 미국의 지배를 받게 되었다. 미국은 쿠바의 독립을 빼앗은 것이다.

3년간의 미군정 시대가 끝나고 1902년 친미주의자 에스트라다 팔마가 초대 대통령이 되었다. 자치주의를 주장하는 정부는 독립주의자들을 강경히 대처했고 미국 자본은 쿠바를 잠식해갔다. 플래트 수정안을 근거로 미국은 전략적 요충지인 관타나모를 영구히 임대해 대규모 군사 기지를 건설했다. 아직도 관타나모는 미국이 점령하고 있다.

1906년 8월 피나르 델 리오와 아바나 그리고 라스 투나스 등에서 격렬한 반정부 시위가 있었다. 이 시위에서 독립 전쟁의 영웅 퀸틴 반데라스가 정부군의 습격으로 사망하자 투쟁은 더욱 격렬해졌다. 미국의 개입으로 1909년 호세 미구엘 고메스가 대통령에 당선됐다. 고메스는 독립운동의 총사령관이었으나 쿠바 정부의 부패는 더 심해졌다. 이후 독립군 출신들이 대통령직을 이어가기도 했으나 강력한 독재로 정부의 부패는 점점 심해졌고 사회는 어지러워졌으며 경제는 미국이 독식해 파탄에 이르렀다.

독재 정부와 미국의 내정 간섭에 반대하는 쿠바 인민의 투쟁으로 1933년 당시 대통령은 외국으로 망명했다. 혼란스런 정국에 군부 출신인 풀헨시오 바티스타가 등장했다. 바티스타는 1934년에서 1940년까지 육군참모총장으로 있으면서 정부를 조정했다. 1934년 폐기된 플래트 수정안은 미국의 군사 개입에서 경제 침략으로 방향을 바꾸어 쿠바와 다시 체결되었다. 1940년 바티스타는 대통령에 당선됐다. 1944년부터 1952년까지는 쿠바 혁명당이 집권했으나 집권하는 동안 내내 내부 분열에 휩싸였다. 그러자 1952년 바티스타가 쿠데타를 일으켜 정권을 다시 장악했다. 그는 미국의 원조를 적극 유치했고 반공을 내세워 소련과 단교했다. 바티스타는 미국의 경제와 군사 원조를 바탕으로 강력한 독재 통치를 단행했다. 그러나 카스트로가 이끄는 쿠바 혁명군에 쫓겨 1959년 1월 1일 바티스타가 쿠바를 탈출하면서 쿠바는 진정한 독립을 한다.

마누라들은 남편이
돈 벌어오면 좋아한다

　연말임에도 예약을 서두르지 못해 우리는 산티아고 데 쿠바Santiago de Cuba까지 가는 버스 비아줄Viazul(외국인 전용)을 예약하지 못했다. 기차도 있었으나 그 누구도 기차를 추천하는 사람은 없었다. 정 선생 도움으로 승합차를 대절할 수 있었다. 1960년대 폭스바겐 밴에 자전거 4대를 싣고 전 선생과 나 그리고 고 원장 부부 네 명은 밤 8시에 산티아고 데 쿠바를 향해 출발했다.

　택시 기사 맥시무스는 430세우세를 벌 수 있는 좋은 기회를 아내와 나누려 했는지 같이 왔다. 그는 비교적 영어를 잘 구사했고 유머 감각도 있었다. 우리는 자전거를 타고 돌아올 때를 생각해서 도로 환경이 어떤지 살피려 했으나 어둠 때문에 잘 보질 못했다. 차의 덜컹거림으로 보아 도로의 포장 상태는 그렇게 좋아 보이지는 않았지만 길은 거의 직선으로 뻗어 있었고 높낮이도 일정한 듯했다. 다만 산티아고 데 쿠바에 접어들면서 산이 있는 것 같았다. 아바나에서 하루를 쉬어서 그런지 우리 네 사람은 별 피곤한 기색 없이 틈틈이 농담도 하고 싸 온 간식도 나눠 먹으면서 덜컹거림과 새벽 공기의 싸늘함을 받아들이 고 있었다.

낮에 일하고 밤에도 일을 하니 맥시무스는 얼마나 피곤했겠는가? 그럼에도 그는 잠 한숨 안 자고 우리를 위해 쿠바의 동쪽 끝에 있는 산티아고 데 쿠바까지 달렸다. 공식적으로 861킬로미터의 거리이다. 그는 가는 도중 한 서너 번 정도 쉬었나 보다. 네 시간에 한 번 정도. 총 14시간 걸려 다음 날 아침 10시 좀 넘어 산티아고 데 쿠바에 도착 했다. 우리는 인근에 있는 까사를 구해 짐을 풀었다. 기름 값으로 한 200세우세 정도 지불한 것으로 생각해볼 때 맥시무스는 밤 운전으로 쿠바 근로자 10개월 치 임금은 벌었을 것이다. 우리가 돈을 지불하자 그 부인의 표정이 밝아지는 것을 볼 수 있었다. 그저 마누라들은 남편 이 돈 벌어오면 이렇게 좋아한다니까!

여기서 기름 값 에피소드. 쿠바는 뭐든지 다 빼돌린다고 한다. 디젤 의 경우 주유소에서 미터기에 보이는 대로 값을 지불하기도 하지만 그 외 암시장에서 구하기도 한다. 쿠바 정부가 정부 트럭의 기름값을 운전사에게 지불하면, 트럭 운전사는 사용 후 남는 기름을 모두 주유 소에다 판다. 주유소는 웃돈을 얹어 일반 운전사들에게 다시 기름을 판다. 현재 디젤 가격이 리터당 1.2세우세로 우리나라보다 싸다. 암시 장 기름은 보통 아바나 시내에서는 0.6세우세를 받고, 시골에서는 그 보다 조금 더 싸게 받는다고 한다.

쿠바의 1인당 국민 소득은 2010년을 기준으로 5520달러로 세계 94

위다. 그렇다면 한 달에 약 460달러다. 그러나 이들이 실지 지급받는 월급은 25달러 정도다. 쿠바로 시집 간 정 선생의 시댁을 예로 들어보자. 공장 노동자이신 시아버님이 25달러, 학교 선생님이신 시어머님은 30달러, 야구선수인 시동생은 20달러 그리고 함께 사는 시동생의 여자 친구는 80달러이다(네일 아트를 하는 이 여자 친구는 어떤 땐 월수입이 400세우세 정도 되기도 한단다). 이러고 보니 피부에 와 닿는 평균 노동자의 월급은 25달러 정도 되는 것이 맞는 것 같다. 왜 이렇게 차이가 날까? 우선 집세는 자기가 받는 월급의 10퍼센트 이하를 내면 되고 의료비, 탁아비, 교육비 모두 무료다. 월급 외의 소득도 있을 수 있다. 부업으로 키우는 가축과 정부로부터 저렴하게 배급받는 생필품 등을 모두 포함하면 한 달에 약 460달러 수준은 될 것 같다. 그러나 쿠바에도 점차 자본주의가 도입되면서 소득이 특히 높은 계층이 점점 늘어나고 있다. 이는 인민들의 소득 불균형을 초래해 불평등한 사회가 될 것임을 예고한다. 예를 들어 좋은 집을 할당받아 까사를 운영하거나 달러를 직접 만질 수 있는 관광업 등에 종사하면 월 소득은 훨씬 높아진다. 게다가 좋은 친척을 두어 외국에서 보내온 돈까지 합하면 그들의 소득은 평균 노동자의 임금을 훨씬 상회한다.

쿠바의 많은 사람이 미국에 친척을 두고 있다고 한다. 망명한 쿠바인이나 일자리를 찾아 미국으로 불법 입국한 사람들이 미국 마이애미를 중심으로 플로리다 주에 공동체를 이루고 살면서 그들이 번 돈을 쿠바로 송금한다고 하는데, 그 돈이 쿠바 경제에 미치는 영향이 매우 크다고 한다.

낮에 일하고 밤에도 일을 하니 맥시무스는 일마나 피곤했겠는가?
그럼에도 그는 잠 한숨 안 자고 우리를 위해 쿠바의 동쪽 끝에 있는 산티아고 데 쿠바까지 달렸다.
공식적으로 861킬로미터의 거리이다.

맥시무스 부부와 함께.
맨 왼쪽이 필자, 전 선생,
맨 오른쪽이 고 원장 부부다.

생필품은 매달 배급제로 공급된다. 하지만 그 양과 질은 항상 기대에 미치지 못해서 그런지 생필품이 매우 귀하다. 그래서 멕시코로 해외여행을 갔다가 돌아오는 사람들의 가방은 주로 생필품으로 가득히 채워져 있다고 한다. 우리가 공항에 입국할 때 쿠바 현지인들이 가방 가득히 싸가지고 오는 물건을 볼 수 있었는데 청바지 장사를 하는 듯한 쿠바인은 갖은 생필품을 가방 가득히 가져왔고, 세관원은 무게를 재고 초과된 수백 그램의 무게에 대해서도 엄격하게 징수를 하고 있었다. 인민을 위한 혁명이 일어났던 나라에 완벽한 복지를 주장하는 사회주의 이념 속에서도 생필품이 부족한 현상이 의아해 보였으며, 권위주의에 힘없이 수그린 쿠바인들의 삶에 연민이 느껴졌다.

담배와 럼주 그리고 산테리아 의식

쿠바를 상징하는 것은 다양하다. 우선 떠오르는 것은 위대한 혁명가 게바라와 혁명 지도자 카스트로가 아닐까? 그 다음은? 제2차 세계대전 당시 영국 처칠 수상이나 쿠바 미사일 위기를 초래한 미국 케네디 대통령이 애용했다는 담뱃잎을 굵게 만 시가와 끝없이 펼쳐진 사탕수수 밭 그리고 참혹한 환경에서 죽지 못해 살아가는 흑인 노예의 마음을 달래준 사탕수수로 만든 럼주를 꼽을 수 있다. 그리고 빔 벤더스의 영화 〈부에나 비스타 소셜 클럽〉 속 자동차로 잘 알려져 있는 일명 올드 카는 연식이 오래되어 매연을 마구 품어대지만 그래도 잘 굴러간다. 그 외에도 미국 작가이지만 쿠바에서 오랫동안 지냈고 쿠바인으로 불리기를 원했던 헤밍웨이와 쿠바만의 독특한 음악 등 참으로 다양하다.

쿠바보다 훨씬 잘사는 우리나라의 상징이 무엇인지 외국인에게 물어보면 어떠한 대답을 할까? 세계의 유일무이한 분단국이라는 사실이 유일한 상징이 아닐까? 그 외 더 있다면 김일성, 김정일, 김정은으로 이어지는 세계사에서 전무후무한 3대 세습의 북한과 군사적·정치적 긴장 관계에 있다는 것이 그 다음을 이을 것이다. 우리가 자랑하는 한글은 그들이 잘 알 리 없을 것이고, 그나마 최근 한류로 대한민국의 존재가 알려지고 있을 뿐이다. 경제적으로 잘 살지만 문화가 빈약한 사회와 비록 경제적으로는 빈곤하지만 다양한 문화를 즐길 수 있는 사회가 있다면 나는 단연코 후자를 택하리라.

담배 연기에 포함된 발암 물질은 전 세계 인구의 10퍼센트의 생명을 앗아가는 살인 가스이며, 담배의 니코틴은 대마초의 마약 성분보다 중독성이 강하다. 그런 사실 때문에 전 세계 모든 나라에서는 담뱃갑에 흡연을 경고하는 문구를 넣고, 경우에 따라서는 흡연을 강력하게 경고하는 무시무시한 사진을 넣도록 하고 있다. 담배에 관대한 우리나라도 곧 경고 사진이 도입될 예정이다. 하지만 담배를 전면 금지하는 나라는 없다. 그래서 담배를 합법적으로 인류를 살해할 수 있는 유일한 상품이라 일컫는다. 담배는 아메리카 원주민이 자신을 멸종시킨 백인에게 내린 저주가 아닐까? 이러한 담배를 16세기 유럽에서는 만병통치약으로 또는 기적의 치료제로 극찬을 아끼지 않았다고 한다.[13]

백인들은 1492년 11월 쿠바 내륙을 탐험하면서 원주민인 타이노 족이 담배 피우는 모습을 처음으로 봤다. 원주민들은 담배 피우는 행위를 성스러운 종교 의식으로 생각했으며 담배 연기를 평화와 우정의 상징으로 여겼다고 한다.[14] 그들은 코와 입으로 담배 연기를 뿜어대었으며 주로 사용한 긴 담뱃대를 '평화의 파이프' 라 불렀다. 타이노 족은 담배를 새로운 생명을 창출하는 다산과 성욕의 상징으로 여겼다.

쿠바의 유명한 담배 상표 '코이바' 는 카리브 해 지역에 살던 아라와크 족이 담배 피우는 의식을 '코이바' 라고 부른 데서 기인했다고 한다. 처음에는 원주민들의 담배 피우는 모습에 충격을 받은 백인들이 후에 점차 그들을 흉내 내기 시작했다. 백인들은 이 담배를 유럽과 중국으로 전해 16세기에는 담배가 유럽과 아시아 곳곳으로 퍼져나갔다. 담배 피우는 행위를 이교도 행위라 본 가톨릭 국가인 스페인을 비롯한 유럽 각국에서는 철저하게 담배를 금지했으나 모두 실패했다. 오히려 담배의 환각 작용으로 고통이 줄어들자 담뱃잎은 귀한 약재가 되어 인기를 끌었다. 그 결과 쿠바는 스페인에 담배 원료 공급지로 전락했다.

백인들은 1492년 11월 쿠바 내륙을 탐험하면서 원주민인 타이노 족이 담배 피우는 모습을
처음으로 봤다. 원주민들은 담배 피우는 행위를 성스러운 종교 의식으로 생각했으며
담배 연기를 평화와 우정의 상징으로 여겼다고 한다.

아메리카 원주민의 담배 피는 모습을
그린 삽화. 흡연은 아메리카 원주민들의 성스러운
종교 의식이었다.

담배를 경작하는 밭이 주로 아바나 교외에 있어 처음엔 시가를 '아바나의 담배'란 뜻의 엘 아바노El Habano라 불렀다고 한다. 스페인 왕실이 담배 산업을 독점하자 궁핍해진 담배 소작농들이 1717년 이후 저항하기 시작했다. 그러자 스페인 국왕은 자유롭게 담배를 판매하도록 허가했다. 1762년 영국이 1년여 동안 쿠바를 점령하자 담배에 대한 스페인 왕실 독점은 사실상 끝이 나면서 쿠바는 여러 나라에 담배를 수출했다. 유럽 각국의 자본가들이 아바나에 담배 공장을 세우면서 담배의 부가 가치는 점점 높아졌다.

1840년에 시가 필터 부분에 띠를 두르면서 담배는 고급화되었다. 담배 띠는 러시아 여제 예카트리나의 손가락이 담배 연기에 찌들지 않도록 띠를 둘렀던 데에서 유래했다고 알려졌다. 이러한 담배에 두른 띠는 시가의 상징이 되었고 가장 효과적이고 완벽한 장식물이 되었다. 역사적 의미에 창작성과 예술성까지 갖춘 독특한 담배 띠와 상표 덕분에 시가는 오늘날까지 마니아들의 주요 수집품이 되었다.

담배는 쿠바의 독립 혁명을 상징하기도 했다. 1895년 2월 스페인 식민 정부를 무너뜨리기 위한 일제 행동 개시에 관련한 암호를 담배에 끼워 전달했기 때문이다. 시가는 혁명군들의 상징이었다. 늘 시가를 입에 물고 다닌 게바라는 시가는 고독한 혁명의 길에 가장 훌륭한 친구라며 다음과 같이 칭송했다.[15]

게릴라의 삶에서
빼놓을 수 없는 위안거리는

담배 한 대이다.

휴식 시간의 담배 한 대는

고독한 전사의 둘도 없는 친구다.


담배를 전혀 피지 않는 필자는 작은 시가Romeo y Julieta Mini 한 통을 샀다. 여기에는 50개의 아주 작은 시가가 들어 있다. 크기는 꼭 가느다란 국산 담배만 했다. 작은 선물로 이만한 것도 없다고 생각했다. 쿠바를 다녀온 기념으로 만나는 사람마다 권했다.

쿠바의 지형은 동쪽과 서쪽 끝에 산맥이 있고 그 중간은 거의 평야이다. 산티아고 데 쿠바에서 아바나로 가는 도로의 양쪽에는 대부분 사탕수수 농장이 끝없이 펼쳐져 있었다. 쿠바에서 사탕수수는 1493년 콜럼버스가 2차 항해에 나설 때 사탕수수 전문가를 데리고 와 에스파뇰라 섬에서부터 재배되기 시작해 여러 지역으로 번졌다.

사탕수수 재배에 쿠바는 여러 가지로 안성맞춤이었다. 1547년 스페인은 쿠바에서 본격적으로 사탕수수를 재배하기 시작했다. 사탕수수 농장주는 농장에 공장을 세워 설탕을 생산했다. 영국의 식민지였던 북아메리카에서는 쿠바에서 사탕수수와 설탕을 수입해 럼주를 만들고 이를 아프리카로 수출했다. 쿠바는 수출한 돈으로 흑인 노예를 수입했다. 영국이 쿠바의 사탕수수 수입을 제한하자 밀수가 성행했다. 영국이 수입 관세를 강제 징수하자 세금 부담이 가중된 북아메리카 13개 주에서 저항하기 시작했다. 이는 훗날 미국 독립 전쟁으로 이어졌으니 쿠바의 사탕수수는 미국의 독립을 촉진시킨 간접 원인이 되었다고 볼 수 있다.

아이티가 최초로 식민지에서 독립해 흑인 공화국을 세우자 설탕 제조업자들은 대신 쿠바에 집중적으로 투자해 설탕 산업이 급속히 발전하기 시작했다. 1810년 스페인 식민지에서 잇달아 독립운동이 일어났으나 쿠바에서 태어난 크리오요 백인들은 아이티의 전철을 밟지 않고 설탕업자인 자신들의 권익을 보호하기 위해 스페인 제국에 충성해 쿠바의 독립은 지연됐다.

1867년 쿠바는 전 세계 사탕수수 생산량의 3분의 1을 차지했고 주요 수출국은 미국이었다. 스페인이 쿠바에서 수출하는 설탕에 부과하는 세금을 올리자 크리오요는 1868년 처음으로 독립 전쟁을 일으켰다. 이 전쟁은 10년간 지속되었으나 결국 실패했다.

1959년 쿠바 혁명이 성공하고 1960년 쿠바 정부는 미국의 뜻과는 반대로 모든 기업을 국유화한다. 그러자 미국은 쿠바 설탕의 수입을 금지했다. 결국 설탕은 소련으로 수출되었고 그 대가로 쿠바는 석유를 얻었다. 1990년 소련이 붕괴되자 쿠바는 석유 파동을 겪으면서 설탕 생산량이 급감하고 위기에 처한다.

럼주의 원료는 사탕수수다. 럼주는 설탕을 제련하고 남은 당밀을 발효시킨 주정으로 만든다. 럼주는 달콤한 향기를 낸다. 이 달콤한 냄새를 음미하면서 고통스럽고 비참한 생활을 한 흑인 노예를 돌이켜 본다. 럼주는 우연히 만들어졌다고 한다. 흑인 노예들은 럼주를 마시면서 고단한 삶을 이겨냈다. 아무런 희망이 없는 흑인 노예들에게 럼주는 큰 힘이 되었을 것이다. 그들의 피와 땀이 없었다면 엄청난 노동력이 필요한 사탕수수를 경작할 수 없었을 것이다. 흑인 노예들은 이러한 사탕수수로 만들어진 럼주로 그들의 마음을 달랜 것이다.

해적들이 즐겨 마셨던 독한 럼주는 선원이나 노예들이 마시는 하층민의 술이었다. 그러나 증류법이 개발되면서 쿠바를 대표하는 술이 되었다. 럼주는 빚은 지 1년 반이 지나면 맑고 투명해져 실버 또는 화이트 라벨, 3년 지나면 옐로, 5년이 지나면 골드, 7년 이상은 블랙 라벨로 부른다. 화이트와 옐로 라벨은 칵테일 용으로, 골드와 블랙은 스트레이트로 마신다. 럼주의 최고급이라는 7년산은 시중에서 구할 수 있지만 쿠바 사람들이 다니는 일반 식당에서는 보기 힘들다. 일반적인 쿠바 사람들이 사 먹기에는 다소 비싸기 때문이다.

헤밍웨이는 모히토를 즐겼다고 하는 데 이것은 럼주를 넣은 칵테일이다. 모히토는 럼주에 설탕과 레몬 즙 그리고 소다수와 박하 잎을 넣어 만든다. 럼주의 대표 상표는 '아바나클럽'이다. 아바나클럽의 로고에는 한 여인이 있는데 당시 쿠바 총독 소토의 부인 이사벨이다. 남편이 플로리다에 원정을 나섰다가 죽자 부인 이사벨도 곧 죽었다. 한 건축가가 이사벨의 동상을 만들어 아바나의 상징이 되었고 아울러 아바나클럽의 라벨이 됐다.

쿠바를 여행하면서 하루도 빠지지 않고 마신 것은 맥주였다. 자전거를 타고 다니면 너무도 목이 마르기 때문이다. 럼주는 가끔씩 저녁식사와 함께 즐겼다. 쿠바를 상징하는 럼주에 미국을 상징하는 콜라를 섞으면 기막힌 칵테일이 된다. 이 칵테일의 이름은? 쿠바 리브레 Cuba Libre이다. 쿠바의 자유라는 뜻이다. 누가 이름 지었을까? 당연히 미국인들이다. 쿠바가 스페인으로부터 독립해야 마음껏 쿠바를 주무를 수 있으니까. "비바 쿠바 리브레!"

쿠바를 비롯한 남아메리카의 종교는 가톨릭이라 해도 무방하다. 인민 대다수가 가톨릭 신자이며 많은 문화가 가톨릭과 관련되어 있다. 가톨릭은 분명 그들의 생명과 문화를 짓밟은 종교였으나 남아메리카인 대다수가 지금도 가톨릭을 믿고 있다. 자신들을 나락으로 떨어뜨린 종교에 빠진 그들을 보면 혼란스럽고 이해되지 않는다.

콜럼버스가 쿠바를 발견한 시기는 스페인이 이베리아 반도에서 이슬람 세력을 완전히 축출하고 가톨릭이 세력을 잡은 때였다. 그러나 영국에서는 헨리 8세가 이혼 문제로 가톨릭과 갈등을 빚으면서 교황으로부터 분리되어 영국만의 교회인 성공회를 세웠고, 독일에서는 마틴 루터가 가톨릭에 반기를 들어 종교개혁을 부르짖으며 신교를 세워 세를 넓혀가고 있었다. 가톨릭교회가 기댈 곳은 스페인이나 포르투갈 같은 가톨릭 국가였다.

스페인과 포르투갈의 지원을 받은 탐험가들은 신항로 개척과 더불어 그들의 종교인 가톨릭을 전파할 사명을 띠고 아메리카로 갔다. 함께 간 가톨릭 성직자들은 위험을 무릅쓰고 오지까지 들어가 원주민에게 그들의 복음을 전파하려 했다. 유일신을 믿는 가톨릭 성직자들은 기독교와 다른 종교와 문화를 절대 용인하지 않았다. 힘없는 원주민들의 문화는 가톨릭 신자들의 총칼에 철저하게 파괴되었다. 지금의 관점에서 보자면 당시의 가톨릭은 문화 파괴자일 뿐이다. 가톨릭 성직자들은 강제로 원주민들을 개종시키려 했고 스페인어를 배우게 했다. 가톨릭교회를 지어 식민지에 새로운 문화를 이식하는 데 주력했다.

스페인이 불과 반세기 만에 남아메리카를 차지할 수 있었던 데는 가톨릭의 힘을 빼고는 설명하기 힘들다. 가톨릭 단체인 예수회와 도미니크 수도회 그리고 프란체스코 수도회 소속의 성직자들은, 종교로 무장하고 온갖 위험을 무릅쓰고 내륙 깊은 오지로 들어가 유목민이었던 원주민을 정착시켜 스페인의 영토 확장에 큰 기여를 했으며 식민 통치의 기반을 닦았다.

기본적으로 욕심이 없고 호의를 베풀기 좋아하는 온순한 민족인 원주민들은 스페인 정복자들의 억압과 착취가 심해지자 저항할 수밖에 없었다. 그러자 정복자들은 무자비하게 원주민을 탄압했다. 앞서 말했듯 그들의 잔학성을 보다 못한 라스 카사스 같은 신부는 스페인 국왕에게 식민지를 통치하는 자들의 야만적 행위를 고발했고 인디언의 생명과 인권을 보호하는 법을 제정하도록 호소했다. 이러한 침략상을 잘 알린 영화가 바로 1986년에 제작된 롤랑 조페 감독의 〈미션〉이다. 원주민들을 보호하는 법이 제정되기는 했으나 별 효과는 없었다.

침략의 첨병에 선 가톨릭이지만 《성경》의 말씀을 진실로 따르는 많은 성직자는 원주민을 보호했고, 그들의 문화를 기록으로 남겨 현재까지 알 수 있게 했다. 라스 카사스 신부는 《인디언의 역사》 등 여러 책을 저술해 수많은 원주민들이 죽어간 실상을 자세히 밝혀 스페인의 잔인성을 폭로했다.

가톨릭은 쿠바 전통 종교와 잘 섞여 뿌리를 내렸다. 고통받고 있는 수많은 원주민과 그들의 피가 섞인 메스티소와 물라토 그리고 흑인 들

은 가톨릭의 상징인 자애로운 성모 마리아에게 의지할 수밖에 없었을 것이다.

강제로 끌려온 흑인도 원주민들과 다름없었다. 니콜라스 5세 교황은 흑인 노예도 반드시 세례를 받아야 한다고 공표했고, 스페인 왕실은 1513년 세비야 항에서 가톨릭 세례를 받은 스페인의 흑인 노예를 쿠바로 수출할 수 있도록 허가했다.

아프리카 각지에서는 노예 사냥이 활성화됐고, 강제로 끌려온 흑인들은 비록 가톨릭 세례를 받았을지언정 그들이 믿는 신에 의지할 수밖에 없었으나 노예주들은 절대 이를 허용하지 않았다. 흑인 노예들은 주인들을 피해 비밀리에 그들만의 의식을 거행했어야 했다. 끊임없이 탄압을 당하자 그들은 자신들이 믿는 신 오리샤Orisha를 교묘하게 가톨릭 신앙으로 포장해 성모나 성인들과 동일시했다. 가톨릭으로 포장된 그들의 의식인 산테리아Santeria를 거행하면서 흑인들은 힘든 생활에 찌든 자신들의 영혼을 위로했다. 이들이 믿는 변형된 가톨릭인 산테리아는 1950년이 되어서야 합법적 종교로 인정받아 지금은 쿠바 사람들에게 가장 보편적인 종교가 되었다. 산테리아는 가톨릭 전통에 아프리카 기니 서남부 지역의 요루바 족의 민속 문화를 성공적으로 융합해 대중의 호응을 얻어 성장했다.

● 아바나 레글라에 있는 한 성당Iglesia de Nuestra Senora de Regla에 하얀 아기 예수를 안고 있는 흑인 성모 마리아상La Santisima Virgen de Regla. 이 마리아 상은 쿠바 선원의 수호성인으로 예마야Yemaya로 부른다고 한다.

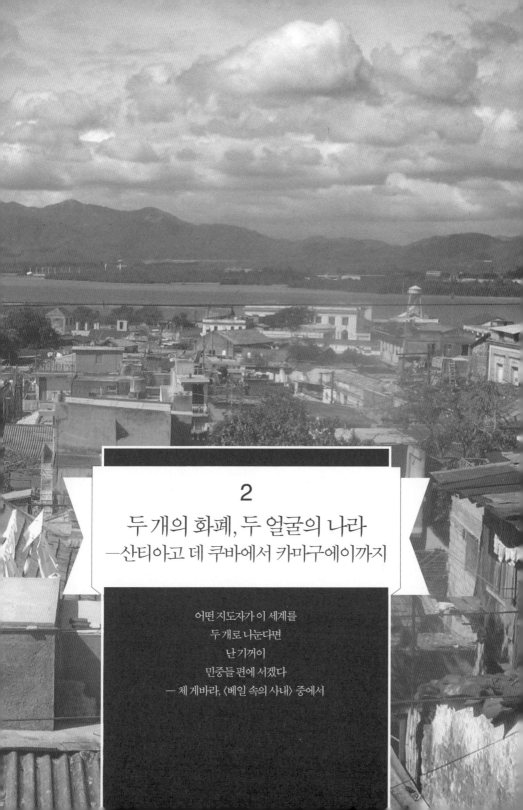

# 2
# 두 개의 화폐, 두 얼굴의 나라
## ─산티아고 데 쿠바에서 카마구에이까지

어떤 지도자가 이 세계를
두 개로 나눈다면
난 기꺼이
민중들 편에 서겠다
— 체 게바라, 〈베일 속의 사내〉 중에서

모로 요새에서
바라본 풍경

피델 카스트로 Fidel Castro(1926~   ) 1959년부터 쿠바를 통치했으며 중남미 공산주의 혁명의 상징이다. 또한 카스트로는 세계 여러 지역, 특히 아프리카의 혁명을 촉진시키는 데 기여했다. 쿠바 총리를 지내다가 1976년에 쿠바 국가평의회와 각료회의의 의장이 되었다.

# Santiago de Cuba

1514년 쿠바의 초대 총독 디에고 벨라스케스가 세웠고, 1522년 5~6킬로미터 떨어진 지금의 자리로 옮겨왔다. 마에스트라 산맥에 주머니 모양의 만을 끼고 있는 골짜기에 자리 잡고 있는데, 바다로부터 높게 치솟은 절벽 때문에 만의 어귀는 앞바다에서도 거의 보이지 않는다. 약 60미터 높이의 주요 절벽인 엘 모로 꼭대기에는 식민지 시대의 모로 요새가 있다.

식민지 시대 초기에는 카리브 해 북쪽의 전략상 요충지였으며 1589년까지 쿠바 수도였으나, 주민들이 쿠바의 서쪽 끝으로 이동하면서 아바나에 주도적 위치를 빼앗겼다. 산티아고 데 쿠바에는 미국과 스페인의 전투를 상기시키는 흔적들이 아직 많이 남아 있다.

1953년 7월 26일 혁명 지도자 피델 카스트로는 산티아고 데 쿠바 시에 있는 몬카다 병영을 목표로 공격을 시작했다. 이 공격은 정부군에 의하여 격퇴되었지만, '7·26운동'이란 이름으로 카스트로의 명분이 되었다. 1956년 감옥에서 풀려난 카스트로는 지지자들을 이끌고 마에스트라 산맥으로 들어갔다. 비록 카스트로 세력이 이 시를 쿠바 섬의 나머지 지방들로부터 고립시켜놓기는 했지만, 1959년 카스트로가 최후로 승리할 때까지는 정부 관할하에 남아 있었다. 그 후 20년 동안 산티아고 데 쿠바 시는 인구와 편의 시설에서 급속히 성장했다. 현재 오리엔테 대학교, 의과대학, 스포츠 경기장과 몇 개의 박물관이 있으며, 문화와 관광의 중심지로 알려졌다.

까사의 주인 요안나의 안내로 철제 막대로 만들어진 대문에 들어섰다. 집에는 요안나와 그녀의 친정 엄마 그리고 어린 딸이 있었다. 요안나는 영어를 잘 해서 의사소통에 문제가 전혀 없었다. 길쭉한 현관문을 열고 집에 들어가니 우리의 보통 천장보다 반 이상이나 높은 스페인식 거실 천장이 시원하게 느껴졌다. 현관 바로 옆에 있는 천장이 높은 방 하나와 뒤뜰에 따로 지은 창고 같은 방을 보여준다. 천장이 높은 방은 고 원장네가, 뒤뜰의 방은 우리가 사용했다.

방에는 작은 창문이 두 개 있었는데 유리가 아예 없었다. 벽을 그냥 뚫어놓은 것으로 보면 된다. 단지 창문 밖에 열고 닫을 수 있는 함석 가림막이 있어 햇빛을 막아주었다. 선풍기가 천장에 달려 있고 에어컨은 벽에 붙어 있다. 더운 나라인지라 에어컨이 있다는 것만도 몹시 반가웠다. 비록 에어컨의 소음은 심했지만 가정집에 에어컨이 있는 것으로 보아 쿠바는 먹고사는 문제를 넘어 제법 사는 나라처럼 느껴졌다. 그뿐 아니라 더운 나라임에도 샤워기에서는 더운물이 나왔다.

여장을 풀고 요안나에게 문의해 인근에 있는 식당에서 아침 겸 점심을 먹었다. 이른 시간인지라 손님은 아무도 없었다. 식당 역시 천장이 매우 높았다. 더운 나라일수록 천장이 높아야 시원함을 주기 때문일 것이다. 우리는 밖에 있는 식탁에 앉아 길가를 오가는 사람을 바라보며 식사를 즐겼다. 나중에 안 사실이지만 요안나의 남편이 그 식당에서 주방장으로 일한다고 했다. 식당은 실내 장식이 잘되어 있었는데 그래서 그런지 밥값도 제법 많이 나왔다. 비록 샌드위치와 음료 몇 잔 정도였는데도 한국에 버금가는 비용이었고 서비스는 엉망이었다.

## 미국 자본의
## 쿠바 착취로 일어난 쿠바 혁명

　점심을 마치고 걸어서 시내로 향했다. 찾아보니 카스트로 일당이 습격했던 몬카다Moncada 병영이 인근에 있어 길을 물어가며 걸었다. 아바나에서 듣고 온 것처럼 산티아고 데 쿠바 사람들은 좀 거친 듯했고 도시의 풍경은 매우 활발해 보였다. 도로에는 가끔 한국 대학생처럼 보이는 배낭족과 외국인 여행객이 눈에 많이 띄었다. 몬카다 병영으로 들어서니 운동장이 넓직하게 열려 있었다. 분명 예전에 군인들이 사열받던 곳이리라. 현재 건물은 학교와 주거 공간으로 사용하고 있으며 한쪽에 박물관이 설치되어 있다. 박물관에는 당시의 상황과 쿠바 혁명에 관한 여러 자료가 전시되어 있다.

　쿠바 혁명은 미국의 절대적 지원을 받는 친미 독재자를 순수 인민의 힘으로 완전히 축출했을 뿐 아니라, 이후 미국의 간섭에서 완전히 벗어나 독립 국가로 우뚝 선 단 하나뿐인 세계적 사건이다. 쿠바와 비슷한 상황에 놓였던 베트남은 30여 년 동안 프랑스와 미국이라는 거

●

찾아보니 카스트로 일당이 습격했던 몬카다 병영이 인근에 있어 길을 물어가며 걸었다.
아바나에서 듣고 온 것처럼 산티아고 데 쿠바 사람들은 좀 거칠었고
도시의 풍경은 매우 활발해 보였다.

지금은 학교와 주거 공간으로 사용되고 있는 몬카다 병영.
왼쪽 한 구석에 박물관이 있다.

대한 제국주의와 직접 전쟁을 치르면서 엄청난 희생으로 완전한 독립을 이루었지만, 쿠바 혁명은 혁명군 단 12명으로 시작해서 겨우 2년 만에 군사적으로 절대적 우위에 있던 정부와의 내전에서 승리해 정권을 창출했다. 혁명을 이끈 지도자는 카스트로였으며 함께한 인물은 게바라, 시엔푸에고스 그리고 라울 카스트로 등이었다.

미국과 스페인 사이의 전쟁에서 미국이 승리하면서 쿠바는 스페인의 지배로부터 벗어날 수 있었다. 그러나 무늬만 독립이었지 또 다른 지배자 미국에게 인민들은 착취당해 가난에서 벗어날 수가 없었다. 이렇게 된 이유는 독립의 전제 조건으로 미국이 쿠바의 내정을 마음대로 간섭할 수 있게 한 플래트 수정안을 헌법에 삽입하도록 강요했기 때문이다. 이후 이 수정안은 조약으로 성문화되었고, 이를 빌미로 미국은 1906년, 1912년, 1917년 세 차례에 걸쳐 군사적으로 간섭했으며 1920년에는 고문단을 파견했다. 당시 미군의 해병대 장군이었던 스메들리 버틀러는 다음과 같이 증언했다.[16]

나는 대기업, 월스트리트 은행가 들의 이익에 봉사하는 상류 폭력배였다. 석유업자를 위해 멕시코 템피코의 방위 임무를 담당했고, 은행을 위해 쿠바를 수호했다. 알카포네Al Capone가 3개 도시에서 협잡 활동을 벌인 것처럼 우리 해병대는 3개 대륙에서 협잡 활동을 전개했다.

비록 독립은 했으나 헌법에 보장된 플래트 수정안에 의해 쿠바 정부는 미국에 의존하고 워싱턴의 명령을 수행하는 정치가들이 이끌 수

밖에 없었다. 그들은 민중을 탄압하고 저항하는 자를 암살하며, 부정
부패를 일삼고 폭력과 수뢰 등 악명을 떨치며 통치했다. 그들은 오직
미국 자본가의 이익만 대변했을 뿐이다.

　미국의 대기업은 쿠바의 방대한 지역의 삼림을 파괴해 사탕수수 농
장으로 바꾸어 전 국토에서는 오직 사탕수수만 재배하게 되었다. 미국
은 제분소를 만들어 설탕을 생산했다. 1955년에는 미국인이 소유한 제
분소의 생산량이 전체의 3분의 2 이상을 차지했다. 미국과의 호혜 관
세로 쿠바 설탕이 저렴하게 미국에 수출되는 반면 저렴한 미국 수입품
이 들어와 쿠바 경제는 완전히 왜곡되었다. 미국의 자본이 산업을 완
전히 장악했고 중소업자들은 완전히 몰락했다. 국제적으로 설탕 값이
폭락하자 그나마 남아 있던 대부분의 쿠바 기업은 미국으로 넘어갔다.

　이 과정에서 민중은 빈곤의 나락으로 빠졌다. 1957년 쿠바의 인구
는 640만 명으로 적은 인구에 비해 천연자원은 풍부했다. 그럼에도
대부분의 민중은 지독한 가난을 면치 못했다. 43퍼센트나 되는 농촌
에서는 바비오babio라는 야자수로 만든 오두막에서 살았다. 반 이상
이 화장실도 없이 생활했으며 기생충 감염이 만연하는 등 건강 상태
도 지독히 불량했다. 교육은 완전히 실패해 문맹률이 높았고 실업률
도 25퍼센트에 달했다.

　극도로 사탕수수에만 치우친 경제로 노동자들은 1년 중 농번기
3~4개월만 일하고 나머지 농한기에는 수입 없이 지냈다. 사탕수수
노동자는 비참한 생활을 했으나 소유주는 막대한 이익을 남겼으며 자
본가인 대기업은 점차 모든 사탕수수 농장을 잠식했다. 그들은 사탕

미국과의 호혜 관세로 쿠비 설탕이 저렴하게 미국에 수출되는 반면 저렴한 미국 수입품이 들어와
쿠바 경제는 완전히 왜곡되었다. 미국의 자본이 산업을 완전히 장악했고
중소업자들은 완전히 몰락했다.

1900년대 쿠바의
사탕수수 농장을 그린 삽화.

수수 재배를 위해 막대한 천연자원을 소비했다. 사탕수수 단일 재배로 곡물의 자급자족률은 70퍼센트에 지나지 않았다. 이미 단일 재배의 부작용을 염려한 마르티는 "한 나라 국민들이 단일 재배에 의존할 때 그것은 곧 자살행위나 다름없다"고 말했다.

결국 카스트로가 혁명을 일으킨 동기는 악정을 일삼으며 미국의 자본가들을 위하고 있는 바티스타의 정권하에 절대적으로 가난한 삶을 살고 있는 쿠바 인민을 해방시키기 위한 것이었다. 그는 자본주의나 공산주의 어느 이데올로기에도 속하지 않고 순수한 인도적 목적에서 혁명을 일으켰다.

1952년 6월 1일은 쿠바 대통령 선거일이었다. 그러나 바티스타는 3월 1일 여론 조사에서 자신이 최하위로 나타나자 10일 뒤 가장 큰 군 요새인 콜롬비아 병영을 접수해 쿠데타를 일으켜 정권을 잡았다. 이 사건은 대통령 선거 후 있을 국회의원 선거를 통해 정계에 진출하려고 했던 카스트로에게는 재앙이었다. 몇 주 후 25세의 변호사 카스트로는 바티스타와 그 공범자에게 헌법을 유린한 혐의로 징역 108년을 선고해야 한다고 재판관에게 요구했으나 거절당했다. 어떠한 평화적인 방법도 통하지 않자 그는 혁명을 결심한다.

카스트로는 무기를 확보하기 위해 군대 무기고를 털 계획을 세웠다. 동생 라울 카스트로를 포함한 200명의 남자와 2명의 여자로 반란군을 조직한 후 쿠바에서 두 번째로 큰 산티아고 데 쿠바의 몬카다 병영을 습격해 라디오 중계소를 장악하고 민중에게 반란군 지원을 호소할 계획을 세웠다. 카스트로는 1953년 7월 26일 공격했으나 실패했다. 이 전투에서 반군 사망자는 8명에 불과했으나 정부군은 반군을 추적해 학살했다. 70명에 가까운 반란자들은 체포돼 즉결 처형되거나 고문 끝에 죽었다. 카스트로는 가까스로 죽음을 면해 체포되었고 라울 카스트로 등은 투항해 재판을 받았다. 몬카다 병영 공격은 비록 실패했으나 민중의 관심을 모았다. 1953년 9월 산티아고 법원에서 재판을 받았으나 그는 곧 병원에 감금되어 비밀리에 재판을 받게 된다. 이 사건으로 카스트로는 공산주의자로 몰리게 됐다.

당시 27세의 그는 76일간 독방에 감금되었다가 즉석에서 5시간에 걸쳐 자신을 변호했다. 이것은 〈역사가 나를 무죄로 하리라〉라는 명문으로 남아있다. 카스트로의 변론 중 마지막은 다음과 같다.[17]

이제 저의 변론은 끝을 맺지만, 저는 변호사들이 흔히 그러하듯 피고인의 석방을 요구하지는 않습니다. 저의 동료들이 피네스 섬의 굴욕적인 감옥에서 고통을 받고 있는 지금, 저는 저 자신을 위해 석방을 요청할 수는 없습니다. 대통령이 범죄자요, 약탈자인 이 공화국에서 정직한 인간이라면 죽거나 감옥에 갇힐 것입니다.

저는 감옥 생활이 어떤 다른 사람에게 있어서와 마찬가지로 제게도 어려울 것이라고 생각합니다. 그곳의 생활은 무서운 위협과 악랄한 고문으로 꽉 찰 것입니다. 그러나 저는 저의 형제 70명을 죽인 저 잔학한 폭군의 분노를 두려워하지 않듯이 감옥을 두려워하지는 않습니다. 제게 선고를 내리십시오. 저는 아무래도 상관없습니다. 역사가 나를 무죄로 할 것입니다.

카스트로는 15년형을 라울 카스트로는 13년형을 선고받고 1953년 10월 피네스 섬에 투옥됐다. 그는 감옥에서 특별 배려로 다양한 책을 읽었는데 이곳에서 마르크스와 레닌 등을 접한다. 카스트로는 죄수들에게 역사와 철학 등을 가르쳤고, 1955년 바티스타의 대통령 취임에 맞추어 5월에 특별사면으로 석방됐다. 정권의 감시로 쿠바에서 정치적 입지가 좁아지자 "평화로운 투쟁의 문이 전부 닫혀 있기 때문에 쿠바를 떠납니다"라 말하며 무장봉기를 준비하기 위해 1955년 7월 멕시코로 떠났다. 그는 멕시코와 미국에서 몬카다 병영 습격을 기념하는 7·26운동을 조직했고, 혁명에 필요한 사람들과 자금을 모아 무기를 구입했다. 또한 멕시코에서 카스트로는 라울 카스트로를 통해 게바라와 운명적 만남을 갖는다.

자존심 때문에 40분을 걷다

스페인 점령 시기인 1660년대에 구축되어 1997년 세계문화유산으로 등재된 모로 요새Castillo de San Pedro de la Roca del Morro는 몬카다 병영에서 멀리 떨어져 있어 택시를 타야 했다. 낡을 대로 낡아 빠진 택시 기사와 흥정해 5세우세에 가기로 했다. 30분 정도 달리니 성곽 위의 깃발이 보인다. 요새는 돌로 아주 튼튼하게 만들어졌고, 여기저기 구멍마다 대포가 배치되어 있다. 요새 안은 시원했다. 입구 양옆에는 전시실이 있어 다양한 자료를 볼 수 있다. 요새 맨 위에도 갈라진 성벽마다 대포가 설치되어 있다. 멀리 대서양이 보였다. 이곳은 해적이 자주 출몰하는 지역이고 영국 군함이 오가는 곳이라 요새를 지었다고 한다.

요새를 나섰으나 그 흔한 택시가 한 대도 보이지 않았다. 좀 기다리면 오겠지 하고 기다렸으나 택시 대신 요새 경비를 서던 친구들이 다가왔다. 자신들이 데려다 주겠다는 것이다. 보아하니 요새에서 사설택시를 운영하는 문지기 일당인 듯했다. 요금을 물으니 10세우세를 요구한다. 올 때 5세우세를 주고 온 것을 생각하니 바가지 쓰는 것 같아 요금을 깎자고 했다. 더구나 이것은 우리 식으로 말하면 불법이니 올 때 지불한 5세우세면 충분하리라 생각했다. 10세우세에서 8세우세로 내려갔다. 그래도 거부하고 마치 걸어갈 수도 있다는 듯 우리는 천천히 걸어 나왔다. 게다가 올 때 근처에 버스 정류장이 있는 것을 봤기 때문이다. 문지기들이 포기하고 가자 또 다른 한 젊은이가 따라오더니 계속 협상을 하잔다. 다시 7세우세까지 내려갔다. 우리는 처음 말한 5세우세에 자존심을 지킨다는 같잖은 명분으로 계속 5세우세를 주장했다. 그러자 그 젊은 쿠바 친구는 알아들을 수 없게 무어라 중얼중얼거리더니 그도 포기하고 갔다. 6세우세만 제시했어도 못 이기는 척하고 타려 했는데, 1세우세를 양보하지 않은 그 알량한 자존

요새 맨 위에도 갈라진 성벽마다 대포가 설치되어 있다.
멀리 대서양이 보였다. 이곳은 해적이 자주 출몰하는 지역이고
영국 군함이 오가는 곳이라 요새를 지었다고 한다.

아래에서 올려다본 모로 요새.
1589년부터 1630년까지 스페인에 의해 건축된 모로 요새는 아바나와
말레콘이 한눈에 들어오는 최고의 전망을 자랑한다.

심 때문에 우리는 약 40분 정도 산길을 걸어 내려가야 하는 어려움을 감수해야 했다. 택시를 타고 올라오면서 봐서 그런가, 가까이 있을 거라 생각한 버스 정류장은 실제로 꽤 멀리 있었다.

버스가 정차하는 마을까지 내려가니 한 집에 택시가 정차해 있었다. 그 집에 들어가 갈 수 있냐고 물으니 비번이라 영업을 안 한다고 했다. 버스를 기다리고 서 있으니 마침 그 택시 기사가 나와 시동을 걸기에 분명 시내로 가는 것 같아 다시 한 번 태워줄 수 없겠냐고 물었다. 그는 잠시 고민하더니 타라고 했다. 결국 우리는 40분을 걸어 내려와 택시를 탔다. 아무리 못 줘도 5세우세는 줘야 할 것 같았으니 고생은 고생대로 하고 줄 것은 다 줘야 하는 꼴이 된 셈이었다. 그런데 그게 아니었다. 그 집에서 나온 기사는 소매 없는 내의 차림으로 운전했다. 시내 입구에서 갑자기 내리라고 한다. 그는 자기 집에 가는 중이었고 시내 쪽과는 다른 방향이었다. 우리는 되지도 않는 말을 해대며 시내까지 좀 데려다 달라고 했더니 제복을 입지 못해 시내에서 운전할 수 없다고 하는 것 같았다. 우리는 갖고 있는 옷을 빌려주며 이것을 입고 가자고 졸라대니 그는 밝게 웃으며 집에 들려 옷을 갈아입고 가자며 근처 집으로 향했다.

그가 옷을 갈아입고 오는 동안 우리는 주변을 서성거리며 기다렸다. 마침 과일과 채소를 싣고 가는 자전거 행상이 지나가기에 오늘 저녁 식사에 필요한 양배추와 토마토를 헐값에 샀다. 고 원장이 주인에게 그날 저녁은 우리가 차리겠다 하고 주인 식구들을 모두 초대한다고 이미 말을 해놓았기 때문에 반찬거리가 필요했다. 말도 잘 통하지 않으면서 어쩜 그렇게 잘 초대하는지 모르겠다.

그 사이 기사가 제복을 입고 나왔다. 다시 차를 타고 우리가 원하는 목적지에 이르렀다. 우리가 돈을 주려하자 그는 비번이라 안 받는다고 했다. 우리는 "그라씨아!"를 반복해 외쳤다. 달랑 자존심 때문에 그 고생을 하며 내려왔으나 결국 돈 한 푼 안 들이고 택시를 타고 시내까지 들어온 것에 자부심(?)을 느끼며 시내를 활보해 힘차게 숙소로 향했다. 오는 길에 아이스크림도 하나씩 사서 먹으며 산티아고 데 쿠바 거리를 통과해서 돌아왔다.

저녁에 필요한 돼지고기를 사려 했으나 주변에 정육점이 통 보이지 않았다. 말이 안 통하니 정육점이 어디 있는지 물어보기도 힘들다. 그림을 잘 그리는 전 선생이 돼지 그림을 보여주고 어디서 파냐고 동네 아주머니들을 여기저기 붙잡고 물어보니 식당을 가르쳐준다. 식당에 가서 돼지고기로 만든 음식을 사먹으라는 것인지……. 결국 포기하고 까사로 돌아가 그래도 영어를 할 줄 아는 요안나에게 물어 사러 갔다.

요안나가 알려준 곳은 노천 시장이었다. 아마 집에서 기른 채소며 닭이며 돼지 등을 도축해서 파는 것 같았다. 냉장고도 없이 되는대로 고기를 썰어서 노천 진열대에 놓고 팔고 있었다. 우리는 삼겹살에 해당하는 뱃살로 하기로 했다. 돼지고기가 너무 쌌다. 2킬로그램에 4000원 정도 주었다. 아무리 싸도 그렇지 너무 많이 산 것 아니냐는 말에 인심 좋은 고 원장은 "남으면 주인 주지 뭘" 했다. 그가 직접 요리하겠다고 주방에 들어가 아무의 도움도 필요하지 않다며 혼자 다 준비했다. 돼지고기를 썰고 이것저것 분주하게 준비하는 것을 보니 집에서 많이 해본 솜씨였다. 나도 대학생 시절 자취를 해서 음식은 그런대로 만들었고 만드는 것을 좋아했다. 물론 설거지는 나와 함께 사는 늦잠꾸러기 친구가 했지만……. 결혼 후 그 좋아하는 주방의 권리를 아내에게 빼앗긴 이후로 30여 년간 라면은 종종 끓여보았지만 제대로 된 음식을 만들어본 적이 거의 없다. 돼지고기를 우리 식으로 소금구이 하고 토마토와 양배추를 잘라 풍성한 샐러드를 만들었다. 키큰 나무 아래에 있는 뒤뜰 우리 방 바로 앞에 탁자를 펴서 주인 식구와 함께 먹었다. 돼지가 토종이라 그런지 너무 맛있었다. 주인 식구는 요안나와 그의 어린 아들, 친정어머니 그리고 마침 그때 들어온 남편까지 모두 4명이었다. 돼지고기 소금구이를 안주로 최고급 럼주 아바나클럽 7년산 블랙 한 병을 마시면서 대망의 출정식을 가졌다.

힘에 의한 불공정 임대차
계약의 상징 관타나모

관타나모는 쿠바의 대표적인 민요 〈관타나메라〉에 나오는 시골 소녀가 사는 곳이다. 세상 사람들에게는 관타나모 수용소가 있는 곳으로 더 잘 알려져 있다. 비록 이번 여행에서 관타나모를 가지는 않았지만 산티아고 데 쿠바와 접해 있는 이곳의 슬픔을 말하지 않을 수 없다.

남의 나라에서만 전쟁을 했던 미국은 역사상 처음으로 전쟁에 준하는 테러를 본토에서 당했다. 2001년 9월 11일 뉴욕에 있는 세계무역센터WTC 쌍둥이 빌딩과 워싱턴에 있는 국방부 건물에 비행기가 동시에 충돌하는 자살 테러 사건이다. 이른바 9·11테러. 그 이후 미국은 테러범 관련자나 또는 테러와 관련되었을 것으로 짐작되는 사람들을 강제로 납치해 구타와 온갖 고문 등을 초법적으로 감행할 수 있는 수용소를 쿠바에 있는 미국의 군사 시설인 관타나모 해군 기지에 세웠다. 이 기지는 산티아고 데 쿠바 동쪽에 접해 있는 관타나모 주의 주도 관타나모 남쪽 아래 관타나모 만에 위치해 있다. 미군의 해외 기지 가운데 가장 오래된 기지로 면목상 쿠바로부터 임대한 것이지만 실상은 미국이 쿠바의 영토를 강제로 점령하고 있는 것이다. 면적은 약 160제곱킬로미터 정도이며 미 해병대가 관할하고 있다.

1895년 쿠바는 스페인의 지배에서 벗어나기 위해 독립 전쟁을 벌였다. 미국은 봉기가 일어난 쿠바를 자국의 잉여 생산물을 소비할 해외 시장으로 여겼다. 1898년 2월 아바나에 정착해 있던 미 군함 메인호가 원인모를 이유로 폭발해 수백 명이 희생되자 미국은 기다렸다는 듯 여론을 조작해 스페인과 전쟁에 나섰다. 그러나 스페인과 전쟁을 선언하면서도 미국은 스페인과 전쟁을 벌이고 있는 쿠바의 독립 세력을 공식적인 교전 주체로 인정하지 않았다. 즉 미국은 쿠바의 독립은 안중에도 없었다. 쿠바가 독립하면 흑인이 우세한 공화국이 되고 미국을 배제할 수 있다는 우려에서 비롯된 것이다.

스페인과 전쟁에서 이긴 후 맺은 협의 과정에 미국은 어떤 쿠바인도 동참시키지 않았다. 해방 후 미군이 남한에 들어왔을 때 한국인을 배제하고 일본인과만 협상한 우리의 지난날을 떠오르게 한다. 전쟁이 끝나자 미국인들은 쿠바의 모든 산업을 접수하기 시작했다. 미국은 쿠바의 주권을 심각하게 침해하는 플래트 수정안을 쿠바 헌법에 삽입하도록 했다. 수정안 중 문제가 되는 항목은 3항과 7항이다. 3항은 "쿠바 정부는······ 파리 조약에 의해 미국에 부과된 쿠바에 대한 의무를 이행하기 위해 미국이 개입권을 행사할 수 있도록 동의한다"이며, 7항은 "미국이 쿠바의 독립을 유지시키고 쿠바와 그 국민들을 방어·보호하도록, 쿠바 정부는 미국 대통령과의 합의 아래 연료 공급지나 해군 기지에 필요한 장소를 어떤 특별한 곳이라도 미국에게 팔거나 임대해 주어야 한다"이다.[18] 마치 무력으로 을사늑약을 성립시켜 조선을 일본의 보호 국가로 만든 일본의 태도와 비슷하다. 이 조항에 의해 미국은 언제든 원하면 쿠바의 내정에 간섭할 수 있게 되었다. 1903년 미국은 관타나모를 임대하는 계약을 쿠바와 맺었다. 그러나 이것은 힘에 의한 전형적인 불평등 계약이었다. 당시의 가치로 매년 약 4000달러를 지급하기로 하고 양측이 모두 동의할 때만 계약을 끝낼 수 있다는 조건으로 사실상 이곳을 영구 임대해 해군 기지를 만들었다.

1959년 카스트로가 쿠바 혁명을 이루고 미군 기지를 철수할 것을 주장했으나 이후에도 미국은 관타나모 해군 기지를 유지하겠다고 밝했다. 무력을 앞세운 강대국의 강점에 벙어리 냉가슴 앓듯 어쩔 수 없이 현재에 이르고 있다. 지금도 미국은 임대료 명목으로 매년 약 4000달러를 쿠바에 지급하고 있으나 쿠바는 이를 거부하고 있다.

1961년 4월 카스트로를 반대하는 세력이 쿠바에 상륙했을 때 관타나모 기지는 또 다시 세계의 주목을 받았고, 1962년 쿠바 미사일 위기 때는 긴장이 더욱 고조됐다. 철조망과 선인장으로 둘러싸인 27킬로미터의 접경선을 사이에 두고 서로 대치하고 있는 이곳은 '관타나모 수용소' 사건이 터지면서 또 다시 세계의 주목을 받았다. 이라크나 아프카니스탄 등 중동에서 알카에다와 같은 테러범으로 지목된 자들을 정확한 확인 없이 강제로 이곳에 끌고 왔으며, 정보를 캐기 위해 어떠한 법에도 구애받지 않고 비인간적으로 그들을 학대, 구타, 고문했다는 사실이 세계 언론에 폭로된 것이다. 그러한 고문을 하도록 허가한 부시는 세계의 질타에 대충 넘어갔고 오바마는 이 수용소를 폐쇄하겠다고 공약했지만 연임한 지금도 아직 건재하다.

미국은 '테러와의 전쟁'을 선언하면서 어떠한 법적 권리도 갖지 못한 사람들을 만들어냈다. 관타나모 해군 기지가 수용소로 선택된 이유는 이 기지가 갖는 법적 지위 때문이다. 물론 미국이 실효 지배하고 있기 때문에 이 기지에선 쿠바 법을 적용할 수 없다. 하지만 법적으로 미국 영토가 아니므로 미국 법도 적용받지 않는다. 또한 수감자들은 미군이 아니므로 미군 법도 적용되지 않고 그들은 전쟁 포로가 아니라고 주장하기 때문에 국제법도 적용받지 않는다는 그들만의 논리로 미국은 당당히 말한다.

미국은 2001년 9·11테러 이후 관타나모 해군 기지에 수용소를 만들어 수백 명의 테러 용의자를 수감했다. 이들의 종교가 이슬람이란 사실을 악용해 이들을 발가벗겨 모욕을 주고 강간 등 성적 고문과 《코란》에 소변을 보게 하는 등의 정신적인 고문 그리고 끊임없는 구타와 잔인한 육체적 고문을 가했다. 견디기 어려울 정도로 고통을 당하고 있는 수감자들은 단식 투쟁을 벌이기도 했으나 미군은 이들에게 강제로 영양을 주입했다. 자살을 철저히 방지했으나 2005년 초까지 34건의 자살 기도 사건이 있었고, 2006년에는 3명의 수감자가 자살을 해 세계의 공분을 자아냈다.

민주주의를 전파하고 최고의 인권 국가임을 자랑하는 미국은 어떠한 재판 절차도 없이 단순한 의심만으로 그들을 납치해 관타나모 수용소로 끌고 왔다. 그들이 정말 테러 용의자인지 확실한 증거도 제시하지 않을 뿐 아니라, 가족들의 면회나 언론조차 자유롭게 접근할 수 없는 곳에 몇 년째 그들을 가두어두었다.

관타나모를 실제 지배하고 있음에도 미국 대법원은 관타나모가 미국 영토가 아니라는 이유에서 이들에게 미국 국내법을 적용할 수 없다고 하는가 하면, 부시 정부나 미국 의회는 관타나모가 국제법의 지배를 받지 않는다고 주장하면서 포로 대우나 고문 방지에 관한 국제 인권법 그 어떠한 것도 적용하지 않았다. 따라서 이들을 기소조차 하지 않고도 무한정 잡아두고 있는 것이다.

그나마 2004년에 두 수감자가 제기한 인신 보호 소송에서 수감자들이 미국 법정에 설 수 있어야 한다는 대법원의 판결이 있었다. 정말 미국은 인권을 최고의 가치로 여기는 민주주의 국가인가? 아무런 증거 없이 그들을 테러 관련자라고 주장하고 있는 미국이야말로 자신들의 이익에 반하는 전 세계의 시민에게 언제든지 테러할 수 있는 나라 아니던가.

아프카니스탄계 미국 이민 2세인 마비쉬 룩사나 칸은 파쉬툰어를 할 줄 아는 인권 변호사로 관타나모의 수감자들을 면회했다. 그리고 아무런 이유 없이 끊임없는 구타와 육체적 고문, 정신적 괴롭힘을 당하는 그들의 이야기를 《나의 관타나모 다이어리》라는 책으로 펴냈다.

칸은 책에서 테러에 관련된 아무런 혐의도 없는 사람이 체포된 것은 바로 미국 정부가 부과한 엄청난 현상금 때문이라고 한다. 이 엄청난 현상금을 받으려고 약간 감정이 있는 사람을 거짓으로 신고하는 경우가 많았다는 것이다. 이승만 정권 아래에서 감정이 있는 이웃 사람을 '저 놈 빨갱이'라고 거짓 신고했던 우리의 과거와 다르지 않다. 미군은 정확한 확인 절차 없이 무조건 체포하고 법망을 피하기 위해 관타나모로 이들을 날랐다. 파키스탄의 대통령 무샤라프조차 그의 정보기관들이 수백 명을 미군에 넘겨주어 수백만 달러의 현상금을 받았다고 자랑했다고 한다. 수감자 중 단 5퍼센트만 미국 정보 당국의 직접적인 노력으로 체포했다고 한다.

무슬림인 그들을 아주 심하게 욕보이기 위해 미군은 성적인 방법을 사용했다. 여자 조사관들은 수감자에게 성적 모욕을 가했다.[19] 미군 당국은 수감 중 죽은 자를 고향으로 보내기 전에 시신의 일부를 제거해 보냈다. 제거된 부분을 보내라는 아프가니스탄의 공식 요청에도 미 당국은 거부한다. 이는 고문의 흔적을 지우려는 시도가 아니고 무엇인가? 다음은 미국의 이중적인 태도에 대해 수감자 모하메드가 쓴 내용이다.

미국은 탈레반이 인권을 유린하는 것에 대해 싸우러 왔다고 말했다. 그러나 미국은 바로 그 인권을 존중하지 않는다는 것을 전 세계에 보여주었다. 그들은 국제법을 외면했다. 그들은 결혼식장을 폭격했다. 장례식에서 기도하는 이들에게 폭탄을 퍼부었고, 사랑하는 이들의 죽음을 애도하는 사람들을 죽였다. 이들이 무슨 범죄를 저질렀던가? 그곳에는 알카에다도 탈레반도 없었다. 미국은 탈레반 치하에 있는 여성의 권리가 우려된다고 말했다. 미국이 내 딸이나 내 아내를 걱정한다고? 나를 이곳에 가두는 동안 누가 그들을 먹여 살리고 있는가? 미국이 수입이 없는 과부들과 아버지 없는 수천의 소녀들을 돌봐주는가?

오바마가 미국의 대통령 후보로 나서면서 관타나모 수용소 폐쇄를 공약으로 내세웠지만 의회의 반대로 아직도 수용소는 건재하다. 관타나모 수용소로 인해 얻는 이익이 얼마일지 모르지만 오히려 잃는 것이 훨씬 많을 수 있다. 1970년대 영국이 에이레 공화군IRA을 가두는 악명 높은 수용소를 만들었으나, 오히려 이에 분개한 더욱 많은 북아일랜드의 젊은이들이 IRA에 협력한 역사에서 배워야 한다. 미국인인 헨리 데이비드 소로는 19세기 중엽에 이미 "수치감 없이는 이 정부와 관계를 가질 수 없다. 나는 노예의 정부이기도 한 이 정치적 조직을 단 한순간이라도 나의 정부로 인정할 수 없다"고 말했다.[20] 노예를 해방했지만 지금은 세계에서 유일한 제국주의 국가가 된 미국을 소로는 자신의 정부라 인정할까? 속히 미국은 관타나모 수용소를 폐지하고 강점하고 있는 해군 기지를 쿠바에 돌려줘야 한다.

갈증엔 맥주가 최고

　드디어 우리는 12월 24일에 산티아고 데 쿠바로 출발했다. 목적지는 바야모Bayamo. 이 도시의 이름이 들어간 〈바야모 행진곡La Bayamesa〉은 쿠바의 공식국가로 1902년 제정됐다. 이 곡은 세스페데스가 작곡했다. 그는 바야모 남서쪽 아래에 있는 데마야구아에서 스페인에 대항해 처음 독립 전쟁을 시작한 독립투사다. 이른바 10년 전쟁이 이곳에서 일어났다.

　바야모는 그란마Granma 주의 주도로 시에라 마에스트라 산맥의 고원에 위치해 있다. 그란마란 이름은 1956년 12월 카스트로와 그 혁명군들이 요트를 개조한 그란마 호를 타고 쿠바 동남쪽 카보 크루스 Cabo Cruz 반도에 상륙한 것을 기념해 그 이름이 붙여졌다. 혁명 전에는 오리엔테 주였다. 혁명군은 카보 크루스 산 근처에 있는 알레그리아 델 피오 사탕수수 농장에서 정부군에게 발각된다. 정부군의 공격으로 거의 전멸하고 오직 12명만이 잡히지 않고 생존했다. 카스트로의 지도 아래 이 12명과 대부분이 농부인 인민들의 협조로 마침내 혁명을 완수한다. 민심이 천심이었다.

바야모는 시에라 마에스트라 산맥을 넘어가야 하므로 자전거 타기에 어려움을 예상했으나 높은 고개는 거의 나타나지 않았다. 산티아고를 떠나자 바로 도로가 나타났다. 도로 변에는 많은 사람들이 차를 타기 위해 기다리고 있었다.

출근하는 사람들을 빈차에 태워 보내는 제복 차림의 지도원들이 간간히 눈에 띄었다. 쿠바노들은 이 사람들을 '파란색'을 뜻하는 아술 Azul이라고도 부른다. 파란색 번호판인 국가 차만 세워서 그런 이름을 붙였다고 한다. 참고로 주황색은 외국인 합자회사, 빨간색은 국방부 그리고 갈색의 번호판은 관광객 차량이다.

쿠바에서는 빈 차를 나누어 타는 것이 법으로 정해져 있다. 없는 살림에 어차피 가는 차 좀 나누어 타라는 것인가 보다. 그래서 아술들이 빈 차가 오면 기다리는 사람들을 배정해준다. 국가 차라 그런지 얻어 타는 사람들도 고마운 표시를 잘 하지 않는다고 한다.

우리가 아바나에서 산티아고 데 쿠바까지 올 때 한 검문소에서 차를 세우라고 한 적이 있었는데 그때에도 검문소 안에는 우리와 같은 방향으로 가는 사람이 있었던 것 같았다. 우리 차에 여석이 있는지 물었다. 물론 우리 차는 자전거와 사람으로 꽉 차 있어서 자리가 없었다.

그란마란 이름은 1956년 12월 카스트로와 그 혁명군들이
요트를 개조한 그란마 호를 타고 쿠바 동남쪽 카보 크루스 반도에 상륙한 것을
기념해 그 이름이 붙여졌다.

그란마 주에 들어왔음을 알려주는
주 경계표. 배는 혁명군이 타고 온
그란마 호를 나타낸다.

출근하는 사람들을 빈차에 태워 보내는 제복 차림의 지도원들이
간간히 눈에 띄었다. 쿠바노들은 이 사람들을 '파란색'을 뜻하는
아술이라고도 부른다.

이른 아침 트럭을 개조한
버스camion에 타는
쿠바 사람들.

한 마을이 나타났다. 길에 자동차는 거의 보이지 않고 온통 마차뿐이었다. 마치 미국 서부 개척 시대의 영화를 보는 느낌이었다. 사륜마차가 다니는 것을 보니 석유 공급이 얼마나 부족한지 알 수 있었다. 마을을 통과해 나오니 넓은 들판이 쫙 펼쳐졌다. 멀리 쳐다보니 트랙터가 움직이고 있는데 많은 새들이 그 주변에 모여 있었다. 논인 것 같았다. 쿠바에서는 농약과 화학 비료를 거의 사용하지 않으므로 새들이 그렇게 많이 모여드는 것 같았다. 트랙터가 갈고 간 흙에서 나온 벌레를 잡아먹는 듯했다. 새들이 함께하는 그 모습이 참 보기 좋았다. 인간은 자연과 공생하는 법을 배워야 한다. 창조주가 이 지구를 창조할 때 인간이라고 해서 특별한 지위를 주지는 않았을 것이다. 그런데 인간이라는 이유로 필요한 것을 얻기 위해 자연을 파괴하며 모든 동식물의 생사여탈권을 갖고 있는 것은 창조주의 뜻을 저버리는 것 아닐까? 결국 자연 파괴는 우리 후손에게 영향을 미친다. 우리가 살고 있는 지구는 선조에게 물려받은 것이 아니라 후손에게 잠시 빌린 것이란 생각을 하면 이렇게 자연을 마구 파괴할 수는 없는 것이다. 아! 자본주의의 끝 모를 탐욕이여.

예상외로 길은 너무도 완만했다. 오르막도 그 거리는 좀 길지만 자전거로 오르기에 충분했다. 쿠바 혁명군이 정부군에 맞서 마에스트라 산맥 밀림에서 싸웠다는 것이 기억났다. 카스트로와 게바라가 정부군에 맞서 싸우던 그 산맥이 맞는지 의문이 들 정도였다. 처음 만난 마을을 지나 점심때까지 길가엔 단 한 곳도 상점이 나타나지 않았다. 갖고 간 도시락을 먹을 그늘진 곳을 찾으며 한참 가다 보니 마을이 보였다. 입구에 커다란 야자수가 서 있고 그 옆에 작은 상점이 보였다. 혹시나 하는 마음에 가보니 얼음에 담가둔 반가운 맥주가 있었다.

높은 야자나무 그늘에 누워 먼 하늘을 바라보며 쿠바의 대표 맥주 부까네로Bucanero를 마셨다. 얼마나 시원하던지 갈증이 싹 가셨다. 부까네로는 외눈박이 해적을 상표로 한 쿠바의 대표 맥주다. 다른 맥주에 비해 약간 비싸긴 하나 맛이 아주 좋았다. 외국에 나올 때마다 느끼는 거지만 왜 우리나라 맥주는 그렇게 맛이 없는지……. 예나 지금이나 오직 오비, 카스, 하이트가 대표한다. 3개 회사가 서로 상부상조하고 있어 그런 게 아닌가? 좀 다양했으면 좋겠다. 지역에 가면 그 지역의 특색에 맞는 색다른 맥주가 있었으면 좋겠다. 전국에 공급되지 않더라도 그 지역에서만이라도 사 먹을 수 있는 그런 소규모의 다양한 맥주 말이다. 어떠한 조직이라도 다양성이 확보돼야 새로운 균형을 이룰 가능성이 높아진다. 다양성을 상실한 조직은 비록 잠시 높은 생산성을 올리더라도 변화에 취약해 작은 변화에도 무너질 수 있다는 것을 왜 모를까?

갖고 온 도시락을 꾸역꾸역 먹었다. 맥주가 없었다면 먹기 힘든 점심이 될 뻔했다. 쿠바에서 맥주는 판매지에 관계없이 대체로 1세우세 전후이다. 상점에서 사먹든 식당에서 사먹든 그 유명한 나씨오날 호텔에서 사먹든 큰 차이가 나지 않는다. 우리나라에선 편의점에서 1300원 하는 맥주가 호텔 냉장고에서 꺼내 먹으면 아마 8000원쯤 내야 하는데 말이다. 바야모에 도착해 요안나가 알려준 주유소를 찾았다. 우리 부탁으로 요안나가 이곳의 까사를 미리 예약해줬다. 주유소

앞에서 기다리겠다던 까사 주인은 찾을 수 없었다. 아마 우리가 말을 잘못 이해할 수도 있었겠다. 다행히 적어둔 주소를 갖고 주유소에 있는 사람에게 물어 그가 까사를 찾아냈다. 주유소에 있던 한 사람이 직접 자전거로 까사까지 우리를 안내했다.

12명의 혁명군으로 정권을 잡다

1956년 11월 25일 오전 1시 30분, '할머니' 란 뜻의 25인용 하얀색 요트인 그란마 호를 타고 혁명군 82명이 멕시코 탐피코 남쪽 툭스판 항을 출발했다. 수염을 덥수룩하게 기른 그들 바르부도스Barbudos들은 〈관테나메라〉를 부르며 쿠바로 향했다. 12월 2일 새벽, 계획과 달리 라스 콜로라다스Las Coloradas 해안의 벨리Belie 늪지에 좌초되어 대부분의 군사 물품을 남겨둔 채 상륙했다. 그러나 그란마 호가 정부군에 발견되어 곧 쫓기게 됐다. 12월 5일 알레그리아 델 피오 사탕수수밭에 도착했으나 휴식 중 공격을 받아 소단위로 각자 탈출했다. 82명 중 겨우 12명만이 시에라 마에스트라 산속에서 가까스로 합류했다.

지하 조직원을 만나 혁명군은 30여 명으로 늘어났고 그들은 정상 피코 투르키노Pico Turquino에 도착해 1956년 성탄절을 보냈다.

초라한 혁명군에 비해 정부군은 3만여 명으로 현대식 무기로 무장한 육해공군이다. 애초에 상대가 되지 않은 이러한 혁명군에 농민들이 가담하기 시작했다. 혁명군은 친절했고 이해심이 많았다. 물건을 구입해도 반드시 대금을 지불했고 약탈이나 강간을 하지 않았다. 또한 농민들을 진심으로 도왔다. 게바라는 산속에 학교를 세워 혁명군과 농민의 자녀 들을 교육시켰으며 해방구에서는 농지를 개혁했다.

1957년 1월 라 플라타 병영을 습격해 무기를 획득하면서 최초의 승전보를 올린다. 혁명군은 곧 300여 명의 게릴라 부대로 발전했고 마에스트라 산 주변을 장악했다. 2월에는 7·26운동 전국지도부 회의를 열었다. 여기서 카스트로는 그와 평생을 함께할 친구이자 애인인 셀리아 산체스를 만난다. 그는 심리전을 위해 《뉴욕 타임스》의 기자 허버트 매튜스를 초청해 인터뷰를 했다. 《뉴욕 타임스》에 3회에 걸쳐 연재된 그의 기사는 쿠바 전역을 강타했다. 카스트로의 삶은 극적으로 변해 카리스마 넘치는 지도자가 되었다. 게릴라전이 전국으로 퍼져나갔고 1958년 2월에는 라디오 레벨데Radio Rebelde로 방송했다. 1958년 해방구 시에라 마에스트라에서 〈7·26운동이 국민에게 보내는 선언문〉을 방송하면서 인민들에게 혁명군의 소식을 전했다.

1958년 4월 쿠바를 마비시키기 위한 총파업이 발표되었지만 실패로 끝났고 바티스타 정권의 폭력은 더욱 심해졌다. 1958년 5월 5일 정부군이 총공격을 감행해 1만 2000여 명의 정부군과 300여 명의 혁

1956년 11월 25일 오전 1시 30분,
'할머니'란 뜻의 25인용 하얀색 요트인 그란마 호를 타고 혁명군 82명이
멕시코 탐피코 남쪽 툭스판 항을 출발했다.

82명의 혁명가들이 멕시코에서
쿠바 동부까지 항해해간 요트 그란마 호.

12월 2일 새벽, 계획과 달리 라스 콜로라나스 해안의 벨리 늪지에 좌초되이
대부분의 군사 물품을 남겨둔 채 상륙했다. 그러나 그란마 호가
정부군에 발견되어 곧 쫓기게 됐다.

몬카다 박물관에 있는
혁명군의 진출로.

명군이 전투를 벌이게 됐다. 함정에 빠진 146명의 정부군이 항복했다. 정부군과 달리 혁명군은 그들을 친절히 대해주었고 국제적십자를 통해 집으로 보내주면서 민심을 얻었다. 1958년 7월 20일 다양한 혁명군들의 연합 전선 협정서가 발표되어 카스트로는 명실공히 혁명군의 유일한 대표가 되어 더욱 힘을 얻게 되었다. 이 연합 전선에 공산당은 초대받지 못해 혁명은 공산주의와 거리가 있었다.

1958년 8월 21일 게바라는 시엔푸에고스의 지원을 받아 산타클라라를 장악하기 위해 출발했다. 게바라와 시엔푸에고스는 각각 250명의 베테랑을 뽑아 2개 부대로 나누어 편성했다. 성탄절 저녁에 게바라는 산티 스피리투스를 장악했고 다음 날 카스트로는 팔마 소리아노를 장악했다. 게바라가 산타클라라로 들어가자 정부군은 무조건 투항했다. 바티스타 군대에 무기를 공급하고 군대를 훈련시켜준 미국은 혁명 정부의 호의를 사고자 바티스타 군대에 무기 공급을 중단했다. 그러자 1959년 1월 1일 새벽 바티스타는 부정 축재로 긁어모은 약 3억 달러를 갖고 도미니카 공화국으로 도주했다.

1월 2일 카스트로는 산티아고로 진군해 몬카다 병영을 장악했다. 같은 날 게바라와 시엔푸에고스는 아바나에 입성했다. 1월 8일 카스트로는 32세의 나이로 아바나에 입성했다. 카스트로는 혁명 후 일어날 수 있는 개인적 보복을 금지해 유혈 사태를 막았다. 대신 재판으로 학살을 범한 자 700여 명을 총살했고 2500여 명을 감옥으로 보냈다.

전쟁 중 포로에 대한 그들의 처신과 혁명에서 승리한 후 유혈 사태를 막기 위한 조치를 보면 카스트로와 다른 혁명 지도자들은 인도주의자라는 것이 입증된다. 그들이 정권을 잡은 후에 마련한 계획도 그러한 인간성에 기반을 두고 있음을 알 수 있다. 그럼에도 미국은 아무런 근거도 없이 카스트로를 공산주의자로 판단했다. 이러한 미국의 선입관은 미국과 그의 사이를 적대적 관계로 만들게 되었다.

《뉴욕 헤럴드 트리뷴》의 J. 뉴먼은 "쿠바 정부와 쿠바 혁명은 결코 자본주의적이지도 공산주의적이지도 않으며, 단지 쿠바적이며 인간적일 뿐이다"[21]라고 평했다. 진정한 사회주의 혁명이 처음으로 공산주의자가 아닌 혁명군에 의해 건설되었다. 혁명 초기에 그들에겐 확립된 이데올로기는 없었다. 단지 부패한 정권을 무너뜨리려 한 것이다. 혁명 후 바꿀 필요가 있는 사회 체제는 빠르고 정열적으로 진행되었다. 마음에 들지 않는 카스트로를 내쫓으려한 미국의 침략이 결국 쿠바를 사회주의 국가로 만든 것이다.

아싸! 이중 화폐 브라보!

바야모의 까사는 이층집이었다. 어머니 낸시는 아래 층에서, 아들

안또니오는 2층에서 까사 운영을 독립적으로 하고 있었다. 쿠바에서 까사는 일정한 조건을 갖춘 집만이 운영할 수 있다. 그래서 에어컨이 있고 화장실이 그런대로 잘 갖추어져 있다. 나라의 허가를 받아야 하며 세금이 많다.

세금은 각 지방마다 다르다. 예를 들어 아바나일 경우 미라마르처럼 부촌인 경우 세금이 더 높고, 센트로 아바나는 세금이 좀 싸다. 센트로 아바나의 경우 한 달 세금이 150세우세 정도라고 한다. 손님이 있든 없든 관계없이 세금을 내야 한다. 따라서 성수기에 열심히 손님을 받아야 비수기에 세금을 내더라도 견딜 수 있다고 한다.

전망 좋은 2층으로 고 원장 부부가 올라가고 우리는 1층에 묵었다. 2층에서는 여권을 등록한 것 같은데 우리 여권은 등록하지 않은 듯하다. 세금 탈세(?),이거 무시 못 하는 욕망이다. 우리나라도 이로 인해 흥한 사람도 물론 많지만 망한 사람도 많다. 그러나 확률적으로 걸리지 않는 경우가 훨씬 많기에 탈세의 욕망에서 벗어나기 어렵다.

저녁을 먹기 위해 안또니오가 알려준 곳을 찾아가려고 길을 나섰다. 하지만 그곳으로 가는 도중 어느 식당 같은 곳에 사람들이 기다리고 있어 그곳으로 갔다. 간판에 있는 그림으로 봐서는 생선 전문 식당인 것 같았다. 문은 닫혀 있고 젊은 커플들이 여기저기에 서서 한담을 나누고 있다. 그들 말이 7시가 되어야 문을 연다는 것이다. 30분이나 남았는데 딱히 갈 데도 없고 해서 우리도 문이 열리기만 기다렸다. 그들은 우리의 반바지 차림을 보더니 입장이 거부될 수 있다고 했다. 또한 친구는 그래도 외국인이니까 기다려보란다.

7시가 조금 더 지나서 문을 열더니 이름을 부른다. 보니 다 예약한 손님들이었다. 우리는 그들이 다 들어가고 나서야 들어갈 수 있었다. 일부 반바지 차림이있으나 들어오란다. 그다지 넓지 않은 홀에 내부 장식은 거의 없었다. 탁자만 한 10여 개 놓여 있고 가운데 무대에서는 뭔가 공연할 분위기이었다. 한 노신사가 기타를 치며 노래 부르기 시작했다. 메뉴를 보니 매우 비쌌다. 우리는 숫자가 좀 작은 것만 골라 이것저것 시켰다. 맥주 값은 보지도 않고 그래야 1세우세 정도겠지 하고 다섯 병을 주문했다. 그런대로 음식은 좋았다. 그러나 계산서를 보고 눈이 둥그래졌다. 자그마치 189세우세였다. 종업원을 불렀다. 말이 안 통하니 가지고 다니던 아이패드를 열어 스페인 사전을 찾았다. 단어를 보여주면서 말을 나누다가 맥주 값을 물었더니 20페소라는 것이다. 그것은 세우세가 아닌 세우페였다. 그러니까 20페소는 1세우세가 좀 안 되는 값으로 좀 싼 맥주 값이었다. 전국이 동일 요금 체제라는 것을 아는 순간 우리는 착각했음을 알았다. 저녁 식사 비용은 189세우세가 아니고 189세우페였던 것이다. 관광객이 드문 이곳 식당은 쿠바 사람들이 주로 이용하므로 세우세가 아닌 세우페였다. 그것을 우리는 세우세로 착각하고 흥분했던 것이다. 189를 24로 나누면 8세우세, 즉 8달러 정도였다. 맥주 다섯 병을 포함한 4인의 저녁 식사 비용이 우리 돈으로 1만 원 정도였다. 맥주를 빼면 5000원도 안 되었다. 200세우페를 지불하고 또 다른 흥분으로 식당 문을 나섰다. 이럴 줄 알았으면 비싼 음식을 주문하는 건데 하는 아쉬움이 남았다. 이중 화폐의 즐거움을 맛보았다. 아싸! 그라씨아! 이중 화폐 브라보!

식당을 나오니 마차가 서 있었다. 돈을 엄청 절약한 듯한 착각에 빠져 마차를 타보고 싶었다. 마차로 한 바퀴 돌자고 하니 10세우페라고 한다. 잔돈이 없어 지폐로 20세우페를 주었다. 거스름돈을 안 준다. 없다는 것이다. 여행 책자에 나오는 말이 기억났다. "잔돈을 항상 준비하시라. 거스름돈이 없단다." 팁으로 생각하고 거스름돈 10세우페를 기분 좋게 주었다. 바야모는 발레로 유명한 도시였으나 다음 날 아침 일찍 떠나야 하니 볼 생각조차 할 수 없어 아쉬웠다. 편의점에서 물과 맥주를 사고 거스름돈으로 막대사탕을 받았다. 이처럼 큰 상점도 잔돈이 없다는 것이다.

그날 밤은 전세계 많은 곳에서 먹고 마시고 뛰노는 성탄 전야였지만 가톨릭 신자가 많은 쿠바에서는 그런 분위기를 전혀 느낄 수 없었다. 이곳 바야모도 그렇고 전날 있었던 산티아고도 그렇고, 시내 어느 곳에서도 성탄이라든가 연말 분위기를 느낄 수 없었다. 마치 아프리카에서 잘 살고 있던 그들을 강제로 끌고 와 노예로 삼은 기독교인들의 정신적 지주 예수에게 반항이라도 하듯이 그들은 성탄절에 무관심했다.

생전 처음으로 성탄절 저녁을 이렇게 성탄 장식물은커녕 성탄곡 한 번 듣지 못하고 보냈다. 고 원장 부부도 둘이서 보낼 양이었던지 자신의 방으로 갔고 함께 누워 있는 전 선생도 잠이 들었다. 예수 탄생을 기념하는 모임도 할 수 없었다. 대신 1956년 이곳에서 가까운 시에라 마에스트라 산맥의 정상인 피코 투르키노에서 겨우 목숨을 건진 게바라와 카스트로 형제를 포함한 그란마 호의 생존자들이 보냈을 성탄

전야를 생각하며 혼자 더 맥주를 마시고 잠자리에 들었다.

더 이상은 노 땡큐! 까사

전혀 성탄절 같지 않은 분위기의 성탄절 아침, 닭 울음소리와 소란
스런 말발굽 소리에 잠이 깼다. 그날 여정은 라스 투나스Las Tunas 주
의 주도인 라스 투나스까지 80킬로미터 정도로 무척 여유가 있었다.
산티아고의 까사에서 지불한 것과 똑같이 하루 숙박비 25세우세, 아
침은 3세우세, 점심 도시락은 2세우세를 지불했다. 주인 식구들과 함
께 기념사진을 찍고 바야모를 출발했다.

지도를 잘 보았지만 우리가 길을 잘못 들어 올긴Holguin으로 가고
있음을 고 원장이 바로 알아챘다. 바야모 북쪽에 올긴이란 도시가 있
는데 이곳 가까운 곳에 카스트로의 고향이 있다. 역시 함께 온 보람이
있다. 자칫했으면 방향이 완전히 다른 길로 갈 뻔했다. 지나는 행인에
게 방향을 묻고 있는데 옆에 있던 자전거 탄 할아버지가 자신을 따라
오라는 몸짓을 했다. 골목을 몇 차례나 지나더니 곧바로 가라며 "아디

오스!"를 외쳤다.

가는 길은 지루할 정도로 곧게 나 있었다. 고개는커녕 굽은 길도 별로 없을 정도였다. 수십 킬로미터가 곧은길이다. 라스 투나스까지 가는 도중에 길가에서 토마토를 파는 아주머니를 만날 수 있었다. 바로 자기 집 앞 도로에 잘 익은 토마토를 한 30개쯤 놓고 팔고 있었다. 한적한 시골길에서 신선한 과일은 자전거를 타고 가면서 맛볼 수 있는 활력소가 된다. 흥정을 할 것도 없이 한 통 전부에 1세우세라고 한다. 30개씩은 필요하지 않고 10개만 해도 충분해서 1세우세를 주고 10개 정도 사서 그녀의 집 앞 그늘에 앉아 나눠 먹었다. 집에는 작은 텃밭이 있었고 그 텃밭에서 기른 토마토인 듯했다. 이렇게 해서 푼돈을 좀 벌면 배급받는 생활이 조금이라도 윤택해질 수 있겠지……. 12시 좀 지나 라스 투나스에 도착했고, 언덕 위에 우뚝 솟은 라스 투나스 호텔이 멀리서도 잘 보였다. 오늘은 호텔서 묵어보자고 제안했다. 까사의 가격이 동일한 것이 뭔가 이상했기 때문이다. 호텔의 하루 숙박비는 아침 포함해 33세우세였다.

이제 실마리가 풀렸다. 까사 주인들이 우리가 가는 마을의 까사를 찾아주겠다고 너무도 친절하게 알려준 것은 그들끼리의 카르텔이 아니었을까? 미리 가격도 다 맞춘 것이다. 숙박비 25세우세에 두 사람 아침 6세우세를 포함하면 까사에서 두 사람당 31세우세를 지불한 것이다. 호텔비와 거의 비슷하다. 그러나 그 편안함은 비교할 수 없을 정도로 호텔이 좋았다.

남은 여정 동안 가능한 호텔에서 숙박하자고 합의를 봤다. 물론 까사의 좋은 점도 있었다. 주인과 소통할 수 있는 점이다. 하지만 어차피 말도 거의 안 통했으니 한계가 있었다. 지방에 있어서인지 호텔 프론트에 있는 직원들은 거의 영어를 할 줄 몰랐다.

체크인을 하려니 아직 이르다며 2시까지 기다리라고 했다. 마침 점심때이고 해서 식당 겸 카페로 들어가 넓직한 야외에 자리를 잡았다. 맑은 하늘을 쳐다보며 우선 목마름을 해결하기 위해 맥주를 주문했다. 배가 고파 아이패드에 있는 스페인 사전을 찾아보며 닭고기 수프를 주문했다. 평소 습관대로 스프에 뿌릴 후추를 부탁하려 했으나 후추에 해당하는 스페인 단어를 알 수 없었다. 스페인어 사전을 이용해 검색해보니 검은색 후추는 '삐미엔따 네그로'이었다. 바로 효과를 보았다. 가져온 후추를 스프에 넣어서 음미하니 그 맛이 최고였다. 그이후론 그렇게 맛있는 닭고기 스프를 먹어본 적이 없다. 맥주를 더 마시고 점심을 먹으며 수다를 떨다 보니 어느덧 4시가 다되었다. 그제서야 호텔 관계자가 체크인 해도 좋다는 연락이 왔다. 약속한 2시가 아닌 4시에.

성탄절 저녁 만찬을 기대하며 호텔에서 랑고스타(바닷가재), 비프스테이크, 생선 필렛, 과일 샐러드 등을 주문했다. 그러나 결과는 모두 만족하지 못했다. 과일 샐러드라는 것이 파파야 4조각과 파인애플을 얇게 썬 4조각이 전부였다. 쿠바에서의 성탄절은 결코 잊지 못할 것이다.

라스 투나스 호텔 카운터의 한 남자 직원은 영어에 익숙했다. 따라서 앞으로의 일정 중에서 하루 주행 거리 주변에 큰 도시가 없어서 숙소를 찾기 어려워 숙박 정보를 얻기 좋은 기회라고 생각하고 물어보기로 했다. 그곳은 산타클라라와 마탄사스 사이의 콜론 지역이었다. 그래서 전 선생이 그 지역의 숙소에 대해 물어보기로 하고 저녁을 먹고 로비로 내려갔다. 카운터 직원은 숙소에 대해 이것저것 뒤져가면서 정보를 알려주려고 노력했다. 또한 전화도 걸어서 확인까지 해주었다. 적어도 콜론에는 '호텔 산티아고 아바나'가 있다는 것이고 외국인도 잘 수 있다는 사실을 확인했다. 타지 여행에서는 작은 정보로도 많은 위안이 되었다. 로비에는 밤이 되면서 젊고 늘씬한 몸매의 쿠바 아가씨들이 여럿 보였다. 늙수그레한 캐나다 남자 관광객들과 어울려 있는 것을 보니 쿠바도 자본주의의 좋지 않은 물이 점점 들어가고 있다는 생각이 들었다. 카운터에서 일하는 이에 의하면 매춘이 암암리에 이루어지고 있다고 한다.

쿠바의 식사 시간 7-12-7

아침에 윤 원장의 자전거 바퀴가 납작해졌음을 알아차렸다. 아주 미세한 구멍으로 실펑크가 난 것이다. 아주 가느다란 것에 찔려 공기가 아주 조금씩 새어나가 주행 중에는 알지 못하고 있다가 밤새 공기가 모두 빠져 그 다음 날 발견된 것이었다. 쿠바의 길은 정말 깨끗했다. 베트남과 비교하면 길은 너무 깨끗했고 그래서인지 펑크가 거의 나지 않았다. 이후로 아바나에 도착할 때까지 단 한 번의 펑크도 없었다.

고 원장 부부는 쿠바에 가려는 마음에 자전거에 늦게 입문했다. 치과를 운영하는 그들이 보름 넘게 그것도 방학 중에 병원을 쉬고 여행 간다는 것은 쉬운 일이 아니었다. 고 원장은 나와 함께 대전의 한 시민단체 공동대표로 있다. 내가 쿠바에 자전거 여행을 간다고 넌지시 말했더니 자기도 가겠다고 했다. 그런데 부부가 함께 가겠다는 것이다. 우리는 난감했다. 초보에다 여성과 함께 장거리 자전거 여행을 간다면 여행 일정이 잘못될 수도 있었다. 그들은 함께 가기 위해 엄청나게 노력했다. 실은 고 원장이 쿠바에 꼭 가보고 싶은데 아내를 두고 떠나기 싫어서 막무가내로 같이 가자고 했단다.

아침 식사는 7시부터였다. 하지만 10여 분이나 늦게 문을 열었다. 물론 문은 그 시간까지 잠겨 있어 출입할 수 없고 기다려야 했다. 사회주의 전통 때문인가. 아침은 7시, 점심은 12시, 저녁은 7시가 되어야 문을 연다. 이른바 7-12-7이다. 그 시간 전에는 들어갈 수 없고 기다려야 한다. 우리 식대로 하면 어림없는 일이다. 하지만 아직 자본주의 의식이 덜 스며들어 노동자들은 그만큼 여유를 갖고 있는 것 같았다.

도로는 역시 직선으로 곧게 뻗어 있었고 매우 완만했다. 고개는 찾아볼 수 없었다. 당연히 오르막이 없으니 내리막의 즐거움은 꿈도 꿀 수 없었다. 길가는 목장과 사탕수수 밭뿐이었다.

한참을 가자 길거리에서 바비큐를 썰어 빵에 싸주는 가게가 나왔다. 맥주와 함께 간식으로 먹었다. 점심때 도착한 마을에서 식당을 찾아 들어갔다. 매우 허름했고 식탁에는 파리가 가득했다. 둥그런 식탁에 연신 파리가 날아들었지만 에어컨도 있었고, 다른 식탁에서는 쿠바인들이 맥주와 함께 점심을 먹으며 우리에게 눈웃음을 던지고 있었다. 돼지고기 스테이크와 샐러드, 밥, 맥주를 주문했다. 쿠바에서 밥은 우리식으로 하면 팥밥이다. 짭짤한 게 우리 입맛에 딱 맞았다. 식사 비용은 210세우페였다. 팁까지 230세우페를 지불했다. 물론 쿠바에는 유럽인들의 전매특허인 팁 문화는 아직 없다. 그러나 자본주의 물결이 몰아치면 분명 팁 문화도 형성되리라.

이제 카마구에이까지는 40킬로미터쯤 남았다. 점점 서쪽으로 가면서 아무것도 없던 도로에 물건 파는 곳이 나타났다. 한 마을을 지날 때 보니 주로 아프리카풍의 목공예품이 길가에 진열되어 있었다.

쿠바에서 세 번째로 큰 도시인 카마구에이에 도착해서 시내로 들어갔다. 도시 입구에 위치한 것으로 알고 있었던 카마구에이 호텔이 전혀 나타나지 않았다. 이상해서 지나가는 행인에게 물어보았더니 지나왔으니 다시 돌아가라는 것이다. 돌아가면서 잘 살펴보니 학교 비슷한 건물이 나타나 가까이 가보니 그것이 호텔이었다. 길가에 간판이 전혀 없어 지나친 것이다. 숙박료는 45세우세로 어제보다 비쌌으나 묵기로 했다. 자전거는 뒷마당 보관소에 따로 보관했다.

1층 바에서 음악을 크게 틀어 잠을 설쳤다. 시간이 지나도 그칠 줄 몰랐다. 이후 모든 호텔이 한밤중에 음악을 크게 틀어놓아 매우 시끄러웠다. 밤이 깊어도 집으로 돌아갈 줄 모르고 길가에서 떠드는 사람들로, 또는 나무에서 지저귀는 새떼들의 지저귀는 소리에, 그리고 호텔 바에서 울리는 음악 소리에 여행하는 동안 잠드는 것이 힘들었다. 쿠바 사람들은 음악에 취해 소음에 너무 관대한 것 같다. 쿠바의 건축물은 스페인 식으로 천정에 충분한 공간을 두어 쾌적한 느낌을 주기는 하지만 방음을 전혀 고려하지 않고 지은 것 같다. 심지어 호텔도 방음이 잘 되지 않아서 호텔 로비에서 틀어놓은 음악 소리가 밤새도록 들리기도 하고 호텔 창 밖에서 떠드는 소리도 그대로 들린다. 사회주의의 감시 체계를 건물에도 반영한 것일까?

# 3
# 혁명가들의 안식처
## ―카마구에이에서 산타클라라까지

미국의 백만장자가 되는 것보다는
차라리
문맹의 인디언이 되는 게 낫다
― 체 게바라, 〈달빛〉

카마구에이 전경

체 게바라 Che Guevara(1928~1967) 쿠바 혁명에서 공산주의자로 후에 남아메리카의 게릴라 지도자가 되었다. 좌익 성향이 있는 스페인-아일랜드 혈통의 중류 가정에서 5남매 중 맏아들로 태어났다. 천식을 앓았으나 운동선수와 학자로서의 재능이 뛰어났으며 1953년 의과대학을 졸업했다. 그는 여가가 생기면 라틴아메리카의 여러 곳을 여행하면서 서민들의 가난한 생활을 몸소 체험했으며, 빈곤에 대한 해결책은 혁명밖에 없다는 확신을 갖게 되었다. 라틴아메리카를 각각 독립된 여러 국가의 집합체로 보지 않고 하나의 문화적·경제적 실체로 보았다. 또한 라틴아메리카 해방을 위해 전 대륙적 전략이 필요하다고 생각했다. 1966년 가을, 볼리비아로 잠입해 산타크루즈 지역에서 게릴라 부대를 조직·통솔했다. 1967년 10월 8일 이 부대는 볼리비아 육군 특별파견대에 의해 전멸되었고, 그는 부상을 입고 체포된 후에 총살당했다.

## Camagüey

북쪽은 대서양, 서쪽은 시에고 데 아빌라 주, 동쪽은 라스투나스 주, 남쪽은 카리브 해와 경계를 이룬다. 카마구에이는 아바나, 산티아고 데 쿠바에 이어서 쿠바에서 세 번째로 큰 도시다. 또한, 스페인 식민지풍의 옛 건물과 광장을 볼 수 있는 오랜 역사를 가진 유서 깊은 도시이기도 하다. 카마구에이는 1879년 푸에르토프린시페라는 이름으로 건립되었으며, 1976년 분리되어 독립한 시에고 데 아빌라 주를 포함하고 있었다. 예전과 다름없이 목축 지대로서의 중요성을 그대로 지니고 있는 이곳은 쿠바에서 가장 큰 주로, 지금도 넓고 완만한 기복을 이루는 사바나 초원 지대에서는 풀을 뜯는 약 100만 마리의 소떼들을 볼 수 있다. 1900년 이후 사탕수수 경작이 계속 확장되어 마침내 최대 설탕 생산지가 되었다. 1925년 이후 인구가 급속도로 증가했지만, 여전히 인구 밀도는 낮은 편이다. 북쪽 해안 지대는 카마구에이 군도의 동쪽 지방을 이루는 큰 모래톱들로 되어 있는데, 동쪽 끝에 있는 누에비타스 만을 제외하고는 중요한 만이 없다.

카마구에이를 떠나기에 앞서 꼭 말해야 할 인물이 있다. 쿠바 혁명 4
인방 중 하나인 시엔푸에고스이다. 전직 재단사였던 그는 혁명의 최
선봉에 섰고 카스트로의 신임을 받았다. 그는 혁명이 성공한 후 임명
된 카마구에이 군 사령관 우베르 마토스를 반혁명 혐의로 체포하러
카마구에이로 갔다가 돌아오는 길에 비행기 사고로 사망했다.

우베르 마토스는 혁명 중에 코스타리카에서 비행기로 무기와 화약을
가득 실어와 카스트로에게 보낸 혁명군이었다. 그 보답으로 그는 독
립부대 지휘관이 되었고 혁명이 성공한 후 카마구에이 군 사령관으로
임명됐다. 반공주의자였던 그는 공산주의의 길로 서서히 가고 있는
카스트로와 생각이 달라 1959년 10월 사령관직을 사임하며 혁명의
대열에서 이탈하려 했던 것이다.

10월 28일 악천후로 이륙을 주저하는 조종사에게 시엔푸에고스는 아
바나로 빨리 가야 한다고 독촉한 것이 결국 죽음을 초래했다. 그를 찾
기 위해 카스트로와 게바라는 일주일 넘게 근처를 수색했으나 시신조
차 찾을 수 없었다. 결국 시신 없는 장례식을 치렀다. 그를 기념하기
위해 마탄사스 주와 빌라 클라라 주 사이에 있는 지역을 시엔푸에고
스 주라고 명명했다.

## 혁명의 지도자 피델 카스트로

부정부패를 일삼고 폭정을 펴는 친미 독재자 바티스타를 몰아내고 미국과 적대적 관계에서 수많은 암살을 모면하고 지금까지 나라를 이끌어온 지도자는 전 세계에서 유일하게 카스트로뿐이다. 그의 본명은 피델 알레잔드로 카스트로 루스로 1926년 8월 13일 쿠바 오리엔테 주 마야리Mayari(지금은 올긴 주)에서 출생했다.

그의 부모는 스페인 갈라시아 출신으로 아버지는 앙헬 카스트로이며 어머니는 리나 루스 곤잘레스이다. 카스트로는 오리엔테 지방의 비란에서 성장했으며 앙헬은 사업에 성공을 거두어 그 지방에서 사탕수수 농장을 가진 큰 부자가 되었다.

어린 카스트로는 산티아고의 가톨릭예수회 학교에 다녀 스페인 출신 선생에게 기독교와 반공에 대해 충분히 듣고 자랐다. 1945년에 아바나 대학교에 입학해 법학을 전공했다. 1947년에는 도미니카 공화국의 독재자 트루히요를 타도하기 위한 원정군에 참석해 훈련을 받았으나 쿠바 해군에 의해 참가도 못하고 탈출했다. 1948년에 미르타 디아즈 발라

르트와 결혼해 아들을 두었으나 1955년 이혼했다. 1950년 아바나 대학을 졸업하고 변호사를 개업하면서 노동자와 정치범 들을 변호했다.

카스트로는 1952년 6월 6일 대통령 선거 후에 있을 국회의원 선거에 오르토독소당으로 출마해 정계에 입문할 계획을 세웠으나 전 대통령 바티스타가 동참한 쿠데타로 무산됐다. 카스트로는 과감히 비상재판소에 소송을 제기해 바티스타의 권력 쟁취가 위헌임을 선언하고 그를 투옥하라고 요청했으나 거절당한다. 이에 카스트로는 혁명을 결심한다.

1953년 7월 26일 카스트로는 지지자 200여 명을 데리고 산티아고 데 쿠바에 있는 몬카다 병영을 공격해 실패했으나 이는 후일 7·26운동으로 발전한다. 공격에 참가한 많은 이들이 체포되어 혹독한 고문으로 처참하게 죽는다. 발견 즉시 사살하라는 명령을 받은 대학 동문인 흑인 대위 페드로 사리아가 그를 발견하고 생포해 기자들 앞에서 대국민 성명을 발표한다. 그리하여 그는 가까스로 죽음에서 벗어난다.

카스트로는 9월 21일 산티아고 법정에서 판사에게 외친다. "쿠바 전체가 이 재판을 주시하고 있다. 나는 이 재판이 법원의 특권과 명예를 지켜내기를 바란다. 내 자신에 대해서는 만일 내가 살기 위해 권리나 명예를 포기해야 한다면 천 번이라도 죽는 편이 낫다." 언론의 조명을 받기 시작한 그는 10월 16일 한 병원에서 비밀리에 재판을 받고 15년 형을 언도받아 피네스 섬에 투옥된다.

감옥에 있는 동안 카스트로는 공산주의 서적을 접하는데, 특히 오스트로프스키의 《강철을 담금질하는 법》과 휴렛 존슨의 《소련의 힘의

쿠바 전체가 이 재판을 주시하고 있다. 나는 이 재판이
법원의 특권과 명예를 지켜내기를 바란다. 내 자신에 대해서는 만일 내가 살기 위해
권리나 명예를 포기해야 한다면 천 번이라도 죽는 편이 낫다.

1953년 몬카다
병영 습격 실패로
체포된 피델 카스트로.

비밀》에서 많은 감명을 받는다. 바티스타가 감옥을 방문한 동안 혁명가를 부르며 시위하다 독방에 감금된다.

앞서 출옥한 여성 동지들이 카스트로의 진술 내용을 다듬은《역사가 나를 무죄로 하리라》를 출판한다. 1955년 3월 여성 동지 콘테 아게로가《보헤미아》지에 그의 글을 기사화하면서 카스트로는 국민적인 영웅으로 떠오른다. 같은 해 5월 정치범에 대한 사면으로 그는 석방됐다.

쿠바에서 더 이상 정치 활동을 할 수 없었던 카스트로는 멕시코로 간다. 그는 멕시코와 미국에서 혁명에 필요한 사람과 자금을 구한다. 쿠바인인 전 스페인 용병 알베르토 바요에게 게릴라전에 대비한 군사 훈련을 요청하며 혁명을 준비한다. 그러나 그 와중에 멕시코 경찰에 체포되어 모든 무기를 압수당하고 구금된다. 출국을 조건으로 석방된 카스트로는 전 쿠바 대통령인 프리오가 제공한 자금으로 거사 준비를 마무리한다.

1956년 11월 25일 혁명을 위해 멕시코를 떠나 쿠바로 갔으나 12월 2일 늪지대에 좌초하고 그나마 상륙한 혁명군은 정부군의 습격을 받아 12명만 생존한다. 12명으로 시작한 혁명군은 1959년 1월 1일 아바나에 입성하면서 쿠바 혁명을 승리로 이끈다.

1959년 2월에 수상이 된 카스트로는 4월에 미국 부통령 닉슨과 회담하면서 공산주의자임을 의심하는 질문에 자신은 공산주의자가 아니라고 답한다. 그는 유엔UN 연설에서 4시간 동안 미국의 제국주의와 독점 자본주의에 대해 맹공을 퍼부어 미국의 분노를 샀다.

6월 국제 설탕 가격이 최저가 되면서 실업자가 양산되자 마르크스주의적 해결책을 찾는다. 점차 정부 내에 공산주의적 요소가 만연하자 카스트로는 우르티요 대통령과 잦은 의견 충돌을 빚는다. 7월 카스트로는 "자신은 공산주의자가 아니지만 미국에 잘 보이려고 반공주의자라고 말하기는 싫다"고 발표해 대통령을 사임하게 만든다.[22]

1960년 미국은 대통령 선거를 맞이해 각 후보들이 그들의 힘을 과시하기 위한 도구로 쿠바를 이용했다. 카스트로 역시 그러한 미국의 적대적 행위를 쿠바 인민들을 행동하게 하기 위한 불안 요인으로 이용했다.

3월 벨기에산 무기를 적재한 프랑스 화물선 쿠브로 호가 아바나에 들어온 후 폭발해 군인과 노동자 등 수백 명의 사상자를 냈다. 이에 엄청난 반미 시위가 벌어지자 카스트로는 "조국이 아니면 죽음을!"이라고 외친다. 11월 대통령 선거를 앞둔 닉슨은 미중앙정보국CIA에 피델 정권의 전복을 요청한다. 6월에는 소련에서 들여온 원유를 쿠바에 있는 미국의 텍사코 회사가 원유 정제를 거부하자 국유화를 단행했고 미국은 쿠바 설탕의 쿼터 양을 줄였다. 소련은 이를 대신 구입해주기로 하면서 쿠바는 소련에 의존한다. 8월에 쿠바의 외국인 소유 토지를 압류하자 토지를 소유한 중상류층 쿠바인들이 미국으로 떠난다. 9월 카스트로는 "쿠바는 소련의 미사일 지원을 받아들이며 이는 미국의 무력 침공에 대응하는 것이라고 세계와 미국을 향해 선포"하는 아바나 선언을 한다.

1961년 4월 12일 CIA는 과테말라에서 훈련시킨 쿠바인 용병 2000여 명의 상륙 부대를 쿠바로 보낸다. 15일은 니카라과를 떠난 6대의

전투기가 피그스 만을 공습해 이른바 피그스 만 사건이 발생한다. 전투기를 쿠바 전투기로 위장해 자체 반란처럼 꾸몄고 미국은 개입 흔적을 감추기 위해 최소한의 지원을 했다. 16일 침공 부대가 상륙했으나 이에 참여한 쿠바인 중 1200여 명이 포로로 잡혔고 100명 이상이 사망했다. 미국은 이들에 대한 몸값으로 6200만 달러를 지불해 1962년 12월에 포로들은 석방됐다.

카스트로는 미국의 공격에서 벗어나기 위해 사회주의 블록에 가입하려 했으나 소련은 마르크스주의적 암시가 없었던 그를 꺼렸다. 그는 사회주의 공동체의 정식 회원이 되기를 원했지만 모스크바가 규정한 규범을 지키지는 않았다. 미국은 미주기구Organization of American States[23]에서 쿠바를 축출시켰다. 카스트로는 마르티 사상에 기초한 민족주의자였다. 그러나 미국이 카스트로 정권을 친미 정권으로 바꾸려 침공하고 아바나를 폭격하면서 시민이 무차별 살육되자 사회주의로 선언한 것이다.

1962년 소련은 베를린에서 서구 열강을 몰아낼 계획을 구상하면서 카스트로가 필요하게 되자 1962년 초여름 그를 수용했다. 미국은 터키에 탄도 미사일을 배치했고 흐루시초프는 8월 핵 미사일 기지를 위한 장비들을 쿠바로 가져왔다. 10월 22일 케네디가 쿠바로 가는 소련 선박을 제재하기로 하면서 쿠바 미사일 위기가 발생한다. 케네디는

● 1960년 유엔 회의장의
  피델 카스트로.

쿠바 침공은 없을 것이고, 터키의 미사일 기지도 해체할 것을 흐루시초프와 약속해 24일 쿠바로 향한 소련 선박이 회항했다. 이 과정에서 쿠바는 철저히 배제됐다.

1963년 4월 쿠바는 정식으로 사회주의 국가로 인정받았다. 미국과 쿠바의 관계 개선을 위해 케네디와 카스트로의 회담이 추진되었으나 케네디가 암살돼 무산됐다. 12월 존슨은 쿠바로 가는 선박 운송을 중단하지 않는 나라에게 원조를 중단한다고 발표하며 경제 제재를 가한다.

1965년 7월 카스트로는 쿠바를 떠날 사람은 모두 떠나라고 선언하면서 많은 사람들이 쿠바를 떠난다. 1968년에 그나마 쿠바에 남아 있던 사기업들을 모두 몰수한다. 카스트로는 외친다.[24]

나는 미국인들에게 나라를 팔아먹지 않을 것이다. 또한 미국인들로부터 명령을 받지도 않을 것이다. 미국이 지배하는 시대는 지나갔다. 그들의 개입이 있으면 어떤 대가를 치르더라도 길고 긴 저항 그리고 불굴의 저항이 있을 것이다. 쿠바는 쿠바인의 것이다.

이 세계의 많은 지도자들이 미국에게 자신의 나라를 팔아먹고 그 대가로 자신은 권력을 유지하면서 인민을 착취하고 부귀영화를 누리는 것을 보면 카스트로는 대단한 영웅이라 할 수 있다. 그는 1959년에서 1976년까지 막후에서 쿠바를 통치하고 1976년에 정식으로 국가원수가 된다. 2008년 2월 국가평의회 의장직을 퇴임하면서 동생이자 혁명 동지인 라울 카스트로에게 정권을 이양했다.

## 딸에게만 해주는 쿠바의 성인식 낀세

발레의 고장 카마구에이를 떠나 시에고 데 아빌라Ciego de Avila를 향해 출발했다. 날이 비교적 맑아서 하늘에는 구름 한 점도 없었다. 아침에 호텔에서 물을 준비하지 못해서 도중에 물을 사려고 했지만 가게가 없어 점심까지 물을 아껴 먹어야 했다. 모든 국영 상점도 아침 7시에 열기 때문에 하루를 좀 일찍 시작해보고 싶어도 어쩔 도리가 없다. 점심 무렵 한 허름한 식당에 들렀다. 식당에 파리가 많아도 그들은 신경 쓰지 않는 듯했다. 메뉴에는 피자와 스파게티뿐이었다. 둘다 주문했다. 피자는 아바나에서 먹어보았던 것처럼 손바닥보다 좀 컸고 위에 얹은 토핑은 별로 없었다. 맛이 있어 먹기보다는 배가 고파먹었다. 스파게티 면발은 거의 퉁퉁 불어 먹는다기보다 그냥 입으로 집어넣는다는 표현이 더 좋을 것 같았다. 피자와 스파게티는 쿠바에서 가장 흔한 메뉴다. 그렇지만 일반 식당의 스파게티 맛은 우리 입맛에 참으로 별로였다. 하긴 가격을 생각하면 그 정도로 나올 수밖에 없겠지만. 그 이후로 스파게티나 피자는 거들떠보고 싶지도 않았다. 단 아바나의 제대로 된 식당에서는 달랐다.

그때쯤 쿠바 식당에 조금씩 익숙해지기 시작했다. 메뉴판 보는 법도 좀 익숙해져서 우리가 필요한 용어를 한 사람에 한 개씩 외우기로 했다. 먼저 우리가 제일 좋아하는 맥주는 세르베자cerveza, 피자는 삐자pizza, 물은 아구아agua, 후추는 삐미엔또pimiento, 치즈는 꿰소queso, 소시지는 살치차salchicha 등. 식당 아주머니가 친절해 점심 계산을 하고 우리 돈으로 1000원쯤 되는 거스름돈을 팁으로 주었다.

점심 먹고 다시 주행이 시작되었다. 사탕수수 밭이 사라지자 도로 양쪽에 들판이 나타났고 소들이 한가하게 풀을 뜯고 있었다. 치즈가 많이 생산되는 지역인지 이번에는 길가 양쪽에서 양손에 치즈를 들고 서 있는 남자들이 여기저기 보였다. 한 덩이의 크기도 매우 컸다. 차를 타고 갔다면 치즈를 좋아하는 나는 분명 한 덩이 샀을 것이다. 아쉬움을 남기고 입맛을 다시며 지나쳐야 했다. 이들도 국영 농장에서 일하고 있겠지만 도로까지 나와서 개인적으로 치즈를 여행객에게 판매하는 것은 용돈을 벌기 위한 것이리라.

시에고 데 아빌라에 도착해 호텔을 찾으려 행인에게 물으니 또 그 주변을 지나가던 자전거 탄 행인이 자신을 따라오라 했다. 참 친절하기도 하다. 호텔에서 여장을 푼 후 마침 근처에 있는 마차를 타고 시내 중앙으로 갔다. 역시나 커다란 광장이 나타났고 중앙에는 시에고 데 아빌라의 동상이 있었다. 사각형 광장을 중심으로 가장자리에는 중요한 건물과 호텔, 상점 들이 들어서 있었다. 광장에 인접한 멋진 식당에서 저녁을 먹었다. 1인당 6세우세에 풀코스 바비큐로 저녁을 먹었다. 아바나클럽을 곁들인 식사는 너무 근사했다.

저녁을 잘 먹고 광장 주변을 산책했다. 젊은 남녀 한 무리가 하얀 드레스와 하얀 양복을 입고 몸을 흔들며 춤을 추고 있었다. 주인공인 듯한 한 아가씨는 가마에 타고 있었다. 그들은 광장과 붙어 있는 양쪽 상가 사이의 길을 음악에 맞추어 춤을 추며 하얀 드레스의 아가씨를 가마에 태우고 함께 행진했다. 이 멋진 장면을 놓칠 수는 없었다. 우리는 그들을 따라갔다. 그들은 한 카바레로 들어갔다. 이른바 낀세quince라고 하는 성인식이 벌어지고 있는 중이었다. 낀세는 15를 뜻하는 데 15세가 되는 딸의 성인식을 부모가 차려준 것이다. 주인공은 완전히 공주 대접을 받는다. 집안의 빈부 차이를 떠나 딸이 15세가 되면 어떤 형태로든 성인식을 해준다고 한다. 물론 딸한테만 그렇다. 아들한테는 어림도 없다. 예전에는 이것이 얼마나 호화스러웠는지 쿠바 혁명 후에는 이 성인식의 사치함을 반혁명의 기준으로도 삼았다고 한다.

카바레의 이름은 '보헤미아'였다. 이 카바레를 빌려서 행사를 치르는 것이다. 카바레 입구에서 들어가도 되는지 물었다. 입구를 지키고 있던 젊은이는 기다리라고 하더니 잠시 후 공주의 아버지 되는 사람과 함께 와서 환영한다며 들어오라 했다. 그 넓은 카바레 안은 이미 사람들로 꽉 차 있었다. 주인공의 친척들과 친구들이 계속 주인공에게 축하 인사를 했다. 가운데 둥근 홀이 있고 입구에선 음료와 술을 제공했다.

밖에서 주인공과 함께 들어온 한 열 쌍 정도의 남녀가 율동에 맞추어 입장한다. 남자는 아래위 하얀 양복에 검은 와이셔츠를 입었으며 오른손을 상의에 넣고 여자가 팔짱을 꼈다. 리듬에 맞춰 춤을 추면서 촛불을 들고 입장한다. 흰 드레스를 입은 소녀는 아버지와 함께 스텝을 밟았다. 성인식을 차려주는 부모는 상기된 표정으로 매우 만족해했다.

주인공 소녀를 에스코트한 사람은 소녀의 오빠였고 꽃을 들고 앞서서 입장한 어린 소녀는 그녀의 사촌 여동생과 그 여동생의 여자 친구였다. 주인공은 붉은색 드레스로 갈아입고 다시 무대에 등장했다. 다른 쌍들은 소녀를 중심으로 무대 가장자리에서 스텝을 밟고 있었다. 가족들이 차례로 호명되면서 무대로 올라갔고 소녀와 소녀의 아버지에게 볼에 키스를 하며 축하 인사를 했다. 공주처럼 왕관을 쓴 소녀는 긴장의 기색도 없이 자신만을 위한 날을 한껏 즐기는 것 같았다. 심지어 탁자 위에 준비된 럼주에도 주인공 소녀의 얼굴이 인쇄되어 붙어 있었다. 한 가지 이상한 것은 행사 내내 울려 퍼지는 음악이 미국의 대중가요였고 춤도 그 음악에 따라 추는 것이었다. 쿠바 사람들이 미국을 적성국으로 여기기는 하지만 문화적으로는 그렇지 않은 것 같아 의아스러웠다.

성인식은 중남미 각 나라마다 다르지만 대부분 성당에서 감사 미사를 먼저 올린 후 시작한다. 미사가 끝나면 세례받을 때 증인이 되었던 대부나 대모 그리고 친척과 친구 들이 선물을 한다. 주인공의 집이나 식당 등에서 춤을 추며 축제를 벌이는 성인식은 쿠바 여성들의 일생에서 가장 큰 축제다.

호텔로 돌아올 때는 자전거 택시를 이용했다. 마차를 타는 것은 그

●

호텔로 돌아올 때는 자전거 택시를 이용했다. 마차를 타는 것은
그래도 괜찮은데 자전거 택시는 심적 부담을 안겨준다. 아무리 돈을 주지만 자신의
몸을 움직여 가는 것을 보니 괜히 우리가 그를 착취하는 기분이 들었다. 다시는 타지 않았다.

시에고 데 아빌라의 자전거 택시.
평지라 자전거 택시가 많다. 그러나 타기에는
심적 부담이 든다.

래도 괜찮은데 자전거 택시는 심적 부담을 안겨준다. 아무리 돈을 주지만 자신의 몸을 움직여 가는 것을 보니 괜히 우리가 그를 착취하는 기분이 들었다. 다시는 타지 않았다.

너무 시끄러워 잠 못 이루다

다음 날 일찍 산티 스피리투스를 향해 달렸다. 일정은 약 70킬로미터 정도라 여유 있는 날이었다. 앞에서 사이클을 타고 오는 무리가 있었다. 차림새로 보아 쿠바 사람이었다. 계속 달리고 있는데 뒤가 좀 이상해 돌아보니 트럭이 뒤에서 따라 오고 있었다. 그는 좁은 2차선 국도에서 시야가 확보될 때까지 우리를 천천히 따라온 것이었다. 우리나라 같았으면 위험하게 앞질러 가든가 빵빵 울려댔을 텐데 말이다. 나는 우리나라를 한 바퀴 돌면서 그러한 경험을 수도 없이 많이 했다. 대부분의 운전자는 자전거와 안전한 거리를 유지하며 돌아가지만 대체로 덤프트럭 같은 차들은 일부러 가까이 와 살짝 스치고 갈 때도 있었다.

물론 쿠바의 국도에는 차가 많지는 않았다. 우리를 위협하는 요소는 거의 없었다. 그들은 바쁠 게 없어 보였다. 간혹 빨리 달리는 차를 볼 수 있었는데 대부분 관광객이 렌트한 차 같았다. 중국 사람만 만만디가 있는 것이 아니라 쿠바 사람들의 기다림도 만만치 않다. 기다림의 미학은 여기서 보는 것 같았다. 다들 빨리 가려 하는데 이들은 서둘지 않았다. 누구의 삶의 질이 더 좋은가? 부유하지만 바삐 사는 사람일까? 부유하지는 않지만 여유 있게 사는 사람일까?

도중에 비아줄이 쉬어가는 휴게소에 들렀다. 역시나 관광객을 상대해서인지 가격이 비쌌다. 0.5리터 물 한 병에 1세우세나 하고, 커피, 음료수 모두 1세우세나 받는다. 보통 시중 가격의 두 배 정도를 받고 있었다.

가는 도중 잠시 한 마을에 들러 맥주를 청했다. 그는 30세우페(1.25세우세)를 달라고 했다. 물론 높은 가격이다. 가격표도 붙어 있지 않았다. 우리가 뭐라 했지만 주인은 요지부동이었다. 그래서 하나만 주문했다. 제 가격을 받았으면 여러 병 시켰을 것을……. 무조건 값만 올려 결국 그는 이윤을 덜 남긴 것이다. 장사를 할 때 늘 염두에 두어야 하는 것은 비싸게 조금 팔지, 아니면 싸게 많이 팔지 어떻게 하는 게 더 많은 이윤을 내는 것인지 결정하는 것이다. 점심 해결을 위해 길가의 식당에 들어가서 돼지고기 스테이크, 스프, 샐러드, 팥밥을 주문했다. 쿠바 사람들이 잘 먹는 팥밥은 소금이 조금 들어간 것을 제외하고는 우리의 것과 유사하다. 우리는 거의 매끼마다 꼭 팥밥을 먹었다. 이후 산티 스피리투스에 도달할 때까지 그 먼 길을 가는 동안 물건을 살 수 있는 데가 한 곳도 없었다. 만일 시간이 좀 이르다고 그 마을을 지나서 점심 먹을 생각했었더라면 우리는 꼼짝없이 굶어야 했을 것이다.

쿠바를 자전거로 여행하면서 느낀 점 중 하나는 현지 생산품은 현지에서 소비한다는 것이었다. 산티 스피리투스로 가는 도중 오전에만 하더라도 과일을 파는 노점상들이 즐비했었다. 그래서 도중에 쉬면서 과일을 사먹을 기회가 얼마든지 있을 것이라 생각했다. 과일을 많이 사서 배낭에 넣으면 그만큼 무거워서 자전거 타는 일도 어려워 짐을 가능하면 줄이는 게 좋았다. 하지만 그날 오후처럼 길가에 아무런 노점상도 발견하지 못하면 괜히 우울해지고 힘도 더 든다. 아직은 물류라는 개념이 없고 상점에서 물건을 구매하기보다는 배급에 의존하기 때문인 듯했다. 그래서 치즈를 생산하는 집단 농장 주변의 구간에서는 치즈만 팔았고 오렌지 농장이 있는 구간에서는 오직 오렌지만 팔았다.

결국 산티 스피리투스를 거의 4킬로미터쯤 남기고 겨우 하나의 노점상을 만나 목을 축일 수 있었다. 상대적으로 짧은 일정이라 2시경에 목적지에 도착했다. 점심부터 해결해야 해서 길가에 있는 식당에 들어갔다. 돼지고기, 수프, 샐러드, 밥까지 해서 1인당 우리 돈 500원 정도에 식사를 해결할 수 있었다. 쿠바의 물가 체계는 정말 이해하기 어렵다.

도시 중앙 광장으로 갔다. 역시 광장은 사각형으로 되어 있었고 멋진 호텔이 2개 있었는데, '호텔 플라자'에 들어가 가격을 흥정하려 했더니 70세우세로 너무 비쌌다. 그래서 고 원장과 전 선생은 오던 길에 보았던 까사 쪽을 알아보려 자전거를 타고 갔고 나는 광장 주변을 돌아다녔다. 이때 처음으로 비가 내렸다. 한참 각자 주변의 까사를 알아보고 광장에서 다시 만났는데, 호텔 플라자 근처 까사가 가장 좋은 위치에 있었고 조건도 괜찮았다. 호객꾼 때문에 그 까사에 가보았는데 그가 바로 주인이었다.

우리가 정한 까사의 입구에는 오스탈 블르바드Hostal Boulevard라 적혀 있다. 돌로 지은 2층 건물로 2층에 두 개의 방과 거실이 있었다. 천정도 매우 높았고 큰 창문을 통해 바깥의 풍경이 한눈에 들어왔다. 살림집은 안쪽에 따로 있었다. 호텔보다도 시설이나 분위기가 더 좋았다. 숙박비는 전에 묵었던 허름한 까사보다도 훨씬 싼 20세우세였다. 저녁은 쿠바 가정식으로 하고 1인당 7세우세로 했다. 닭 튀김, 돼지고기 요리, 샐러드, 빵, 커피, 구아바 쥬스 등 아주 풍성했다. 우리는 아바나클럽 7년산과 맥주로 매우 푸짐하게 식사를 했다. 아침 식사는 3세우세였는데 역시 그만한 값어치가 있는 식사였다.

저녁을 먹기 전에 주변을 산책했다. 광장을 마주하고 성당이 있어 들어가니 거의 보수를 하지 않은 낡은 성당이었다. 입구에는 이 성당에 기부를 요청하는 문구가 있었다. 성금함에 갖고 있던 쿠바 지폐를 모두 집어넣었다. 마침 옆에 있던 할아버지가 "그라씨아"를 반복하며 말한다. 가톨릭교회는 처음에는 혁명을 지지했다. 그러나 점차 사회체제가 공산주의로 가는 것을 보고 가톨릭교회는 이를 매섭게 비판했다. 혁명 후 공산주의를 선언하면서 쿠바 정부는 종교를 탄압했다. 그러나 지금은 종교의 자유를 허용하고 있다. 교황 요한 바오로 2세의 방문과 로마 가톨릭교회의 헌신적인 사회 선교는 종교 정책에 큰 영향을 주었다.

다음 날 새벽 집 밖에서 동네 사람들의 잡담 소리에 잠을 깼다. 이들은 도체 잠이 없는지 밤늦게까지 떠들고 이른 새벽부터 또 떠든다. 그것도 큰 소리로……. 

혁명의 상징 체 게바라의
안식처 산타클라라

드디어 쿠바에 온 목적 중 하나인 산타클라라에 입성하는 날이었다. 산타클라라에는 게바라가 묻혀 있기 때문이다. 내가 대학 시절부터 어렴풋이 알고 있던 게바라를 만나는 것이 이번 여행의 가장 중요한 목적이었다. 전날 지나쳤던 사이클 선수들을 또 다시 만났다. 이번에는 그들과 함께 사진을 찍었다. 고속 도로가 아닌 일반 도로를 선택해 갔더니 길의 오르막이 좀 있었다. 너무 평지라 자전거 타기가 재미없었는데 제주도 오름 같은 지형이 처음으로 나타났다.

중간에 쉬려고 길가의 큰 나무 밑에 갔더니 트럭을 개조한 버스를 기다리는 가족이 있었다. 아마 엄마는 어린 여자 아이를 데리고 시내에 가려고 하는 것 같았고 허름한 차림의 농부 같은 아버지는 배웅하러 나온 듯했다. 배낭 속에 남은 초콜릿을 꺼내 여자 아이에게 나눠주고 남아 있던 볼펜 한 자루도 여인에게 건네니 쏜살같이 가방 속으로 집어넣는다. 이곳은 학용품도 매우 부족해 보였다. 자전거를 타고 가다가 좀 쉬거나 하면 포켓에 꽂아놓은 펜을 달라고 하는 사람들이 자주 있었다.

산타클라라에 도착했으나 체 게바라 기념관이 시내 한가운데 있어 찾기가 힘들었다. 두리번거리고 있는데 자전거 탄 친구가 또 나타나 우리를 안내했다. 그를 따라 시내를 한참 달려 게바라의 동상이 보이는 혁명 광장으로 들어섰다. 자전거를 타고 온 우리가 이상한 듯 관리 군인은 우리에게 감시의 눈을 떼지 못하는 것 같았다. 말은 통하지 않았지만 자전거를 지정된 장소에 주차하라는 묵언의 명령을 받았다. 한쪽 구석에 자전거를 주차하고 게바라의 시신이 있는 기념관에 들어갔다. 물론 그의 시신은 베트남의 아버지인 호찌민처럼 미라로 남지도 않았고 따로 무덤이 있는 것도 아니었다. 그를 직접 볼 수는 없었지만 그의 행적은 잘 볼 수 있었다.

입구에 있는 벽에는 함께한 혁명 동지들의 얼굴 하나하나가 부조로 새겨져 있었다. 방으로 들어가자 그의 어린 시절부터 볼리비아에서 총살당하기까지 그와 관련된 각종 물건들이 전시되어 있었다. 그가 의대생일 때 사용했던 치과용 도구도 있었다. 고 원장에게 관심 있을까 하

★ 152

바라는 1967년 10월 9일 볼리비아에서 혁명을 감행하다 잡혀 39세의 나이로 총살당했다. 볼리비아 정부는 그가 묻힌 묘를 비밀에 붙였다. 처형 당시 감독했던 군목이 1992년 비밀을 털어놓으면서 매장된 지 30년 만인 1997년 7월 12일 게바라의 유해가 공식적으로 확인됐다.

산타클라라 체 게바라 기념관
입구의 기념비.

고 말을 건네니 여기까지 와서도 치과 얘기는 재미가 없단다. 산타클라라는 지금까지의 다른 도시들과는 다르게 기념관을 방문하는 관광객들이 제법 많았다. 캐나다 관광객 틈에 끼어서 전시관을 구경했다.

게바라는 1967년 10월 9일 볼리비아에서 혁명을 감행하다 잡혀 39세의 나이로 총살당했다. 볼리비아 정부는 그가 묻힌 묘를 비밀에 붙였다. 처형 당시 감독했던 군목이 1992년 비밀을 털어놓으면서 매장된 지 30년 만인 1997년 7월 12일 게바라의 유해가 공식적으로 확인됐다. 시신을 아바나로 옮겨 혁명 광장에서 추도식을 열고 이곳에 안장했다.

체 게바라의 인생을 완전히 바꾼
오토바이 여행

혁명의 상징으로 불리는 체 게바라. 그가 없었다면 과연 쿠바 혁명이 성공했을까? 카스트로가 혁명의 지도자로서 정치력을 발휘했다면 게바라는 카스트로 다음의 2인자로 전투력과 내부 인화력에서 두각을 나타냈다. 그는 의사로서만 아니라 교육자로 그리고 혁명의 최선

봉에 선 전사이자 지휘관으로 쿠바 혁명에 지대한 영향을 끼쳤다.

게바라의 본명은 에르네스토 게바라 데 라 세르나이다. 아버지 돈 에르네스토 게바라 린치는 아일랜드계의 건축 기사였고, 어머니 셀리아 데 라 세르나는 스페인계 농장주의 딸로 의지가 아주 강했다. 게바라는 1928년 5월 14일 아르헨티나 수도 부에노스 아이레스 근교 로사리오에서 5남매 중 장남으로 태어났다. 게바라가 태어난 도시여서 그런지 1997년 7월 30일 로사리오는 세계 최초로 인권 도시[25]를 선언했다.

두 번째 생일날 엄마가 그를 물속으로 데리고 들어가 걸린 폐렴으로 생긴 천식은 평생 고질병이 되어 그를 따라 다녔다. 하지만 천식으로 인해 나중에 병역 의무를 피할 수 있었다. 몸이 약한 그를 위해 부모는 기후 좋은 곳을 찾아 안데스 산맥 주변 여러 곳으로 이사 다녔다. 1943년 코르도바에 정착하면서 게바라는 알베르토 그라나다[26]를 만난다.

몸이 약한 게바라는 어려서부터 독서를 아주 좋아했고 특히 칠레의 저항 시인 파블로 네루다의 시들을 외우곤 했다. 아버지의 권유로 운동을 시작한 그는 여러 분야의 운동에 빠져들었다. 특히 여섯 살이나 위인 알베르토의 영향을 받아 럭비 선수가 됐다. 1947년에 부에노스 아이레스 의대에 진학했고 이때 럭비 전문 잡지도 펴낼 정도로 럭비에 몰두했다. 1950년 1월에는 모터를 달은 자전거로 한 달 반 동안 4000킬로미터 넘게 달리며 아르헨티나 12개 도시를 여행했다.

1951년 게바라는 졸업을 앞두고 알베르토의 제안으로 그와 함께 500시시 중고 오토바이로 남아메리카 여행을 떠난다. 이 오토바이는 알베르토가 어릴 때 탔던 '포데로사 I'을 기려 '라 포데로사 II'라는 이름을 붙였는데 '힘센 녀석'이란 뜻이다. 그는 의사 시험 보기 전까지 돌아오기로 어머니와 약속하고, 1951년 12월 29일 아르헨티나 중부에 있는 코르도바를 떠났다.

부에노스 아이레스를 거쳐 다음 해 1월 4일 여자 친구가 사는 미라미르에 도착해 그녀의 집에 초대받는다. 상류층인 그녀의 식구들과 저녁을 하면서 '평등'과 '의료 국영화'에 대해 자신의 생각을 말하며 대화를 나눈다. 자기들끼리 있을 때 게바라는 말한다.[27] "우리는 머리를 채워줄 것들을 찾고 있는데 저들은 그저 주머니를 채울 궁리만 하고 있어, 그리고 또 그걸 비울 궁리를 하느라 야단이고."

1월 21일에는 천식이 발병해 콜레코엘로에서 치료받으면서 3일을 머물렀다. 2월 6일에는 산을 오르다 콘도르 둥지에 떨어져 산림 감시원에게 구조되기도 했다. 아우엘우아피 호수에서는 강도를 만났으나 기지로 위기를 넘겼다. 여행을 시작한 지 두 달 만에 칠레의 수도 산티아고에 도착했다. 여기서 포데로사는 더 이상 움직이지 않아 처분했다. 라 지오콘다의 한 선술집에 머물고 있는 동안 천식을 앓고 있는 노인을 만나 자신에게도 필요한 약을 건네주었다. 게바라는 이 환자의 환경을 보고 큰 충격을 받아 빈곤에 대해 심각하게 생각하게 됐다. 뱃삯이 없는 그들은 산안토니오 호에 몰래 올라탔으나 들켜 뱃삯 대신 고된 일을 해야만 했다. 안토파가스타에 도착하자 추키카마타 구리 광산을 가기 위해 배에서 내렸다.

추키카마타로 가는 도중 잠시 머문 부케다노의 한 선술집에서 공산주의 혐의로 옥살이 한 한 부부를 만났다. 그들은 공산주의자였다는

그의 추천장을 받아 6월 8일 산파블로에 도착해 나환자
요양원으로 갔다. 그들은 나병이 쉽사리 전염되지 않는다는 사실을 확신하고 환자들을
정성껏 치료했다. 떠날 때가 되자 환자들은 그들을 위해 뗏목 '맘보-탱고'를 만들어주었다.

1952년 환자들이
만들어준 맘보-탱고를 타고
페루의 아마존 강에서.

단 하나의 이유만으로 수많은 동료가 죽임을 당했다고 게바라에게 말했다. 이 불쌍한 부부가 서로 보살펴주는 행동에서 그는 진한 감동을 받는다. 게바라는 이들에게 갖고 있던 담요와 돈을 주었다. 자본가들이 판치는 남아메리카에서 공산주의 사상의 등장은 자연 발생적인 것이었다. 그러나 친미 자본가들은 철저히 그들을 탄압했다.

3월 13일부터 16일까지 추키카마타에 머물렀다. 추키카마타는 붉은 산이라는 뜻이다. 추키카마타 구리 광산의 관리책임자인 미국인은 그들을 환대했다. 광산을 둘러보면서 게바라는 노동자들이 자기가 속한 구역 밖의 일은 전혀 모른 것을 알았다. 자본가들은 원주민의 노동력을 너무 쉽게 착취했다. 최초의 투자액을 단 나흘 만에 회수할 정도로 착취가 심했다. 그는 공동묘지를 지나면서 아무런 보상도 받지 못하고 죽어간 원주민들을 생각하며 증오심으로 불탔다. 그는 추키카마타 광산을 장악한 미국 기업이 현지 노동자들을 노예처럼 부리는 것을 목격하면서 "나는 무식한 인디오가 될지언정 미국의 백만장자는 되지 않겠다"고 결심한다. 그의 마음속에 혁명의 기운이 싹트기 시작한 것이다. 3월 23일에는 유타 강을 통해 페루로 들어섰다. 티티카카 호수를 거쳐 3월 30일 고대 잉카 문명의 발생지인 쿠스코에 도착했다. 4월 3일 마추픽추에 있는 거대한 유적지에 게바라는 완전히 압도당했다.

5월 리마에 도착해 게바라에게 큰 영향을 준 나병 전문의 우고 페세 박사를 만났다. 그의 추천장을 받아 6월 8일 산파블로에 도착해 나환자 요양원으로 갔다. 그들은 나병이 쉽사리 전염되지 않는다는 사실을 확신하고 환자들을 정성껏 치료했다. 떠날 때가 되자 환자들은 그들을 위해 뗏목 '맘보-탱고'를 만들어주었다. 6월 19일 요양원을 떠나 사흘 후 페루와 콜롬비아를 거쳐 브라질의 국경 도시 레티시아에 도착했다. 7월 2일 콜롬비아 군의 수상 비행기로 보고타로 갔고, 7월 11일 베네수엘라 행 버스를 타고 18일 수도 카라카스에 도착했다. 알베르토는 연구를 위해 카라카스에 남고 게바라는 마이애미를 경유해 8월 31일 아르헨티나로 돌아갔다.

게바라는 더 이상 과거의 게바라가 아니었다. 그는 남미 사회 곳곳에 만연한 가난과 질병 그리고 사회적 모순을 보았다. 가진 자의 오만과 착취 그리고 정치적 압제 아래 고통받는 민초들의 모습을 지켜보았다. 게바라는 자본가들의 제국주의에 맞서는 무장 투쟁만이 남아메리카가 자유를 찾는 유일한 방법이라는 믿음을 갖게 되었다.

체 게바라와 피델 카스트로와의 만남
그리고 쿠바 혁명 참여

어머니와 약속한 대로 돌아온 게바라는 의사 자격시험을 준비한다.

불과 석 달 만에 남아 있던 14개 모든 과목을 통과해 1953년 의과 대학을 졸업했다. 그는 당시 아르헨티나의 페론 정권에서 군의관으로 강제 징병되는 것을 피하고 산파블로 나병 요양소에서 일하고 있는 알베르토에게 가려고 7월 볼리비아 행 기차에 탑승한다.

볼리비아에서 혁명을 목격한 게바라는 페루를 거쳐 코스타리카로 들어갔다. 산호세에서 쿠바 망명객들과 몬카다 병영 습격 사건의 당사자들을 만나 사건의 전말을 알게 된다. 12월 말 과테말라에 도착해 나병원의 간호사직을 얻는다. 1954년 7월 과테말라에서 민주 정부 야코보 아르벤스 정부가 미국 CIA의 사주로 카스티요 아르마스의 쿠데타에 의해 전복되는 것을 목격하면서 반미 의식이 더욱 커진다. 과테말라의 아르벤스 대통령은 농지 개혁을 단행하고 미국의 독점 기업 유나이티드 프루츠의 소유지를 몰수했다. 당시 미 국무장관은 유나이티드 프루츠의 중역이었다. 과테말라에서 페루 여인 일다 가데아를 만나고, 그녀를 통해 쿠바 망명자들을 만나게 된다. 쿠바 사람들 사이에 게바라는 '체Che'로 불린다. '체'는 2인칭 단수로 아르헨티나 사람들이 '이봐, 자네'와 같은 의미로 붙이는 말인데, 아르헨티나 사람인 게바라는 대화를 할 때 습관적으로 이 단어를 자주 사용했기 때문이다. 아르벤스가 축출되고 신정부가 들어서자 블랙리스트에 오른 게바라는 아르헨티나 대사관으로 피해 멕시코로 탈출한다. 그는 과테말라에서 혁명가의 길을 걷기로 결심한다.

멕시코에 온 게바라는 사진작가로 생계를 해결했다. 그러다가 몬카다 병영을 습격한 니코 로페스[28]를 다시 만났다. 니코는 그를 1955년

6월에 라울 카스트로에 소개한다.[29] 그리고 라울 카스트로는 7월 9일에 게바라와 몬카다 병영 습격 사건의 주역 카스트로의 만남을 주선한다. 카스트로와 밤새껏 토론하면서 혁명에 함께하자는 카스트로의 제안에 그가 내건 유일한 조건은 '혁명이 성공한 후에는 다시 자유인으로 돌아간다'는 것이었다. 게바라는 쿠바 혁명이 성공한 후 안주하지 않고 또 새로운 혁명을 위해 실행에 옮긴다. 8월에는 멕시코에서 다시 만난 일다 가데아와 결혼하고 다음 해에 딸 일다 베아트리스가 태어나지만 그들은 쿠바 혁명이 완수되는 1959년 이혼한다.

　게바라는 카스트로의 혁명에 참가하기로 결정하면서 군사 훈련은 물론 혁명이 성공할 것으로 예상해 정치와 경제에 관해 속성으로 공부한다. 비록 그는 허약한 체질이었으나 훈련생 중 최우등으로 군사 훈련을 마친다. 미군으로 한국 전쟁에 참전했다 퇴역한 사격 교관은 그를 사격과 지도력에서 매우 탁월했다고 평가했으며, 훈련을 함께 받은 동료들도 그가 지도자 자격을 갖추었다는 평가를 했다.[30] 1956년 11월 25일 오전 1시 30분 의무대장인 게바라 중위는 자신의 천식약도 휴대하지 못하고 개조된 하얀색의 요트 그란마 호를 타고 멕시코 만의 툭스판을 출발해 쿠바로 떠난다. 떠나기 전 그는 어머니에게 다음과 같은 편지를 남겼다.[31]

　나는 오로지 내 무덤으로 가져갈 것이다.
　끝나지 않은 노래의 악몽을
　마지막이길 거부하는 모든 사랑의 작별 인사와 더불어

●

라울 카스트로는 7월 9일에 게바라와 몬카다 병영 습격 사건의 주역 카스트로의 만남을 주선한다.
카스트로와 밤새껏 토론하면서 혁명에 함께하자는 카스트로의 제안에 그가 내건 유일한 조건은
'혁명이 성공한 후에는 다시 자유인으로 돌아간다'는 것이었다.

1959년 즉석 회의를 열고 있는
피델 카스트로와 체 게바라,
라울 카스트로(가운데).

당신께 다시 키스를 보냅니다.

당신의 아들이

그란마 호는 예상보다 이틀 늦게 12월 2일 새벽 라스 콜로라다스 해안가 늪지에 좌초한다. 혁명군은 12월 5일 새벽 농민의 밀고로 최초 집결지 카보 크루스 산 근처 알레그리아 델 피오 사탕수수 농장에서 공격당하자 의약품 배낭 대신 탄약을 지면서 의사보다는 전사의 길을 택한다. 혁명군은 거의 전멸하고 게바라도 목에 총상을 입는다. 길을 잃고 헤매면서 12월 중순 정부군이 철수하자 알토 레히노에서 그는 카스트로와 극적으로 상봉한다.

1957년 1월 투르티노 산 아래 라 플라타 병영을 접수하고 아로요 델 인피에르노를 공격한 후 게바라는 혁명군의 핵심 인물이 된다. 그는 전사로서의 능력도 발휘했지만 의사로서 그리고 교육자로서의 능력도 발휘했다. 교육자로서 대부분이 문맹인 혁명군들에게 글을 가르쳤고, 전투 중임에도 학교를 세워 농부와 그 자녀 들에게 글을 가르쳤다. 의사로서 그는 병든 농민은 물론 적군과 아군을 가리지 않고 치료했다. 그는 적을 대할 때조차 인간적으로 존중해 소박한 많은 사람들을 쉽게 자기편으로 만들었다. 그러나 배신자에게는 단호했다. 농민 에우티미오 게라의 배신으로 혁명군은 위기에 몰렸었다. 그가 잡히자 카스트로는 사형 선고를 내리고 집행할 사람을 뽑지 않고 가 버리자, 게바라가 그를 즉결 처형했다. 그는 자신에게 특별히 호의를 베풀었던 요리사를 "한 명의 호의를 끌어내기 위해 나머지 대원들을 모독한 혐의"로 쫓아냈다. 산악 지대에서 게바라의 이름은 냉혈한이면서 동시에 신비로운 존재로 빠르게 퍼졌다.[32]

바야모 근처 부에이시토 병영을 습격해 성공하면서 게바라의 이름은 쿠바 전체에 알려지기 시작했다. 1958년 2월에는 알토스 데 콘라도 봉우리에 강력한 송신기가 있는 방송국 라디오 레벨데를 세웠고, 6월에는 동부 지역 혁명군 세력과 힘을 합쳐 해방구를 선언했다. 7월 17일 그는 대위로 진급했다. 21일 갑자기 카스트로는 게바라를 사령관[33]으로 임명하고 그의 검은 베레모에 별 계급장을 달아주었다. 그는 혁명군에서 카스트로에 이은 2인자가 되었다.

1958년 8월 혁명군은 전면 공세를 시작했다. 게바라는 일체의 분파적 행동을 지양하면서 여러 혁명 세력들을 7·26운동 깃발 아래 모이게 하는 통합임무를 수행했다. 라스 빌라스Las Villas 지역 민족회의 최고 책임자와 협정을 맺어 혁명군의 승리에 결정적 기여를 했다. 12월에 포멘토와 플라세타스 전투를 승리로 이끌면서 산타클라라가 보이는 곳에 도착한다. 12월 29일 정부군과 무기를 싣고 오는 장갑 열차를 파괴해 산타클라라 전투를 승리로 이끌었다. 이 전투에서 승리하고 쿠바 인민들의 환영을 받자 미국은 친미 독재자 바티스타를 내쳤다. 다음 해 1월 2일 게바라는 카바냐 요새를 점령하기 위해 아바나를 향해 출발했다. 그란마 호 생존자 12명으로 시작한 혁명군은 정부군의 반격을 물리치고 혁명을 승리로 이끌었다.

쿠바는 독재에 맞서 투쟁한 외국인 게바라에게 쿠바 시민권을 부여했다. 이로써 그는 공식적으로 아르헨티나 국적을 포기하고 쿠바 사람이 된다. 6월에는 혁명 중에 만난 금발의 게릴라 일레이다 마치와 재혼하고 4명의 자녀를 둔다. 10월에 시엔푸에고스가 비행기 사고로 죽자 그를 기리기 위해 후에 태어난 아들의 이름을 카밀로라고 지었다.

혁명을 승리로 이끌고 게바라는 전범들에 대한 최고 검사로 임명되어 바티스타 시절의 많은 반혁명분자들을 처형했다. 6월에는 외교 사절로 임명되어 중동과 인도, 유고슬라비아 등 여러 나라를 방문했다. 외교 사절로서 양복 입기를 거부한 그는 늘 올리브 그린색의 군복을 입었다.

1959년 11월에는 국립 은행 총재가 되었다. 여기에는 한 일화가 있다. 카스트로가 회의 중 "경제 전문가economist 여기 누가 있냐?"는 말에 게바라가 "공산주의자communist 여기 누가 있냐?"로 잘못 알아듣고 손을 바로 들어 국립 은행 총재가 되었다고 한다. 그는 경제학은 물론 그를 보좌하는 국립 은행의 2인자인 비야세카에게 수학 강의를 부탁해 대수와 삼각법, 해석기하학 등의 수학을 1964년 6월까지 공부했다.

1960년 4월에는 시엔푸에고스에게 헌정하는 《게릴라 전쟁》이란 책을 저술했다. 이 책은 1963년 영국령 잔지바르에서 봉기한 반군들의 중요한 지침서가 되는 등 그의 다양한 저술은 이후 정치와 문화에 많은 영향을 끼쳤다. 1968년 5월에 일어난 프랑스 학생 운동을 비롯한 많은 무장 투쟁이 그에게서 영감을 받았다.

1960년 3월 벨기에산 무기를 실은 라 코브레 호가 아바나 항에서 폭발해 희생자들의 장례식에서 찍힌 베레모를 쓴 게바라의 모습은 전 세계적으로 널리 알려졌다. 8월 그는 "Cuba Si, Yanqui No!"를 부르짖었고, 미국은 쿠바와 통상 금지 조치를 취했다. 12월에는 평양을 방문해 김일성을 만나 통상과 학술 교류에 관한 조약을 체결했다.

1961년 2월 산업부 장관이 되면서 국영 기업을 중앙의 통제 체제로 편입시켰다. 4월 미국의 피그스 만 침공 사건 이후 세바라는 혁명 전도사 역할에 충실해야 할 필요성을 다시 한 번 느낀다. 7월 그는 후르시초프와 군사 협력을 포함한 협정을 맺고 그 결과 10월 쿠바 미사일 위기가 발생하면서 쿠바가 선택한 새로운 동반자 소련이 또 다른 방식으로 쿠바를 지배하려 한다는 사실을 깨닫는다. 8월 아르헨티나를 방문한 그는 쿠바로 귀환할 때 행선지를 바꾸는 바람에 비행기 사고를 극적으로 면한다.

1962년 초 미국의 지배를 받는 미주기구는 쿠바를 축출했고 미국은 쿠바로부터 수입을 금지했다. 게바라는 미국의 압박을 받는 경제를 구하기 위해 공산권에 대량의 설탕을 팔았고 대신 공업화를 위한 원조를 구하는 데 성공했다.

1964년 게바라는 외교 사절로 다시 여러 나라를 방문한다. 12월 국제연합 총회에 참석해 격렬한 반식민주의 연설을 한다. 1965년 이집트, 알제리, 콩고 등을 방문하며 아프리카에 혁명 사상을 전파하고 반미제국주의를 주장한다. 2월에는 알제리의 아시아·아프리카 연대회의에서 그는 "사회주의 블록이 또 다른 형태의 제국주의가 되어 자신

1964년 9월 ●
모스크바를 방문해
붉은 광장을 걷고 있는 체 게바라.

이 보호해야 할 나라들을 수탈하고 있다"는 내용의 연설을 하면서 소련을 맹비난한다. 그는 카스트로에게 통보도 없이 일방적으로 쿠바에서 미사일을 철수시킨 소련의 행위를 용서할 수 없었던 것이다.

　이 연설로 자신이 쿠바에 있는 것이 카스트로에게 부담을 줄 수 있다는 이유로 게바라는 10월 그에게 개인적으로 편지를 보내고 시민권을 포기한 후 쿠바를 떠나 벨기에가 지배하고 있는 콩고로 비밀리에 간다. 다시 혁명의 길을 떠나면서 게바라는 자녀들에게 다음과 같은 말을 전한다.[34]

> 너희들의 아빠는 자신의 생각대로 했으며 자신의 신념에 충실했던 사람이었다. 아빠는 너희들이 훌륭한 혁명가들로 자라나기를 바란단다. 자연을 정복하기 위해, 꼭 필요한 기술을 정복하기 위해 많이 공부하여라. 그리고 혁명이 왜 중요한지, 그리고 우리 각자가 외따로 받아들이는 것은 아무런 가치도 없다는 점을 늘 기억하여 주기 바란다. 특히 이 세계 어디선가 누군가에게 행해질 모든 불의를 깨달을 수 있는 능력을 키웠으면 좋겠구나. 누구보다 너희들 자신에 대해 가장 깊이. 그것이야말로 혁명가가 가져야 할 가장 아름다운 자질이란다.

　그러나 일은 실패했고 1966년 7월 콩고에서 다시 아바나로 돌아와 새로운 원정대 파견을 준비한다. 1966년 11월 '라몬 베니테스'라는 이름으로 위장한 게바라는 볼리비아 산악 지대 낭카우아수로 들어간다. 그러나 볼리비아 공산당은 그를 지원하지 않았으며 농민들도 협

조직이지 않았다. 1967년 1월 그와 24명의 부하들은 스스로 모든 난관을 뚫고 나가야 했다. 쿠바 혁명 때와는 전혀 다른 이러한 전투 환경에서 그는 1967년 10월 8일 볼리비아 케브라 델 추로 계곡에서 볼리비아 정부군에 체포된다. 그는 라이게라La Higuera로 이송됐고 볼리비아 군에 의해 라이게라 학교에서 10월 9일 오후 1시경 39세의 나이로 총살당했다. 쿠바계 CIA 요원인 펠릭스 로드리게스는 게바라의 마지막 모습을 촬영했다. 볼리비아 군 당국은 "게바라는 전장에서 죽었고 그를 화장했다"고 발표했다. 볼리비아 정부는 몇 십 년이 지나서야 사실을 공개했다.

시신은 바예그란데 누에스트로 세뇨르 데 말타 병원 세척실로 운반되었다. 그의 양손은 잘라 보관하고 시신을 공동 묘지에 묻었다. 1968년 볼리비아 내무장관 안토니오 아르게다스는 게바라가 갖고 있던 일기의 마이크로필름을 입수해 그의 양손과 함께 쿠바에 보냈다. 게바라는 잡히기 하루 전인 10월 7일까지 일기를 썼다. 1968년 쿠바는《체의 볼리비아 일기》라는 제목으로 그의 마지막 일기장을 출간했다. 카스트로는 그를 기념해 마지막 전투가 있던 10월 8일을 '게릴라 영웅의 날'로 정했다.

볼리비아 동남부 주민들은 30년간 세척실에 꽃을 바쳤고 묘지로 이어지는 길을 '체 게바라의 거리'로 이름 지었다. 게바라는 그들에게 '라 이게라의 성 게바라'로 불렸다. 볼리비아에서 그의 죽음과 직접적으로 관련된 사람들 대다수가 변사해 이른바 '체의 저주'를 믿는 사람들도 생겨났다.[35]

처형 당시 감독했던 군목이 1992년 쿠바에 비밀을 털어놓는다. 매장된 지 30년이나 지난 1997년 7월 12일 볼리비아 바예그란데 공동 묘지에서 게바라의 유해가 공식적으로 확인됐다. 시신은 꺼내져 아바나로 옮겨졌고 10월 13일 혁명 광장에서 추도식을 열었다. 그의 유해는 산타클라라 기념관에 안장됐다. 산타클라라는 쿠바 혁명의 분수령이 된 곳이다. 한 여인이 잘라낸 그의 머리칼 한 줌은 쿠바 혁명 박물관에 있다.

게바라는 자신을 위해서가 아니라 가난하고 소외받고 착취당하는 전 세계의 인민을 위해 혁명하고 희생했다. 그 결과 쿠바에서 혁명이 성공할 수 있었다. 자유는 쟁취하는 것이다. 쿠바 대학생들과 게바라의 추종자들은 외친다, 우리는 "체처럼 될 것이다Seremos Como Che"라고. 장 폴 사르트르는 말한다, "체 게바라는 우리 시대의 가장 완전한 인간이었다"고.

엄청 많은 아이스크림!

중앙 광장에 있는 호텔인 산타클라라 리브레에 투숙했다. 여장을 푼 후 저녁을 먹기 위해 어슬렁댔다. 호텔 프런트에서 갈 만한 식당을 물었더니 한 식당을 알려주었다. 그 식당을 찾으려고 배회할 때 호객꾼이 나타났고, 그 역시 호텔에서 알려준 그 식당으로 안내했다. 손님은 아무도 없었다. 잘 차려진 식당 내부를 보니 값이 좀 나올 것 같았다. 아니나 다를까 너무 비쌌다. 1인당 12세우세란다. 뭔가 바가지를 씌울 것 같은 느낌에 정중히 거절하고 그 식당에서 나와 주변에 있는 마치 체인점 같은 피자 전문집으로 갔다. 피자와 스파게티를 주문했다. 피자에 올라간 올리브 맛이 괜찮아 올리브만 따로 시키면서 우리 식대로 좀 많이 달라 했더니 정말 많이 주었다. 그러나 계산할 때 올리브 값이 피자 값보다 더 많이 나왔다. 배보다 배꼽이 더 컸다. 쿠바는 모든 것을 무게로 판매한다. 그날 간 식당의 피자와 스파게티는 허름한 식당의 그것보다는 훨씬 먹을 만했다.

주변을 둘러보니 코페리아Coppellia라는 아이스크림 가게가 있었다. 여행 책자에서 본 적이 있어 들어갔다. 커다란 건물을 통채로 다 사용하는데 사람들이 줄을 서 있었다. 어떻게 주문을 하는지 몰라서 도움을 받을까 하고 주변에 영어를 할 만한 사람을 찾고 있었다. 그때 한 젊은 부인이 우리를 도와주었다. 그렇다고 해서 완벽하게 의사소통이 이루어진 것은 아니고 우리가 여러 종류의 지폐를 내놓으니까 그 젊은 부인이 몇 개를 골라 표를 대신 사주었다. 이곳은 입구에서 아이스크림 값을 미리 내고 들어간다. 1인당 한 400원 정도였다. 표를 창구에 내고 기다렸는데 자그마치 1인당 세 접시가 나왔다. 우리는 저녁을 먹은 후의 포만감과 함께 넷이서 12접시 가득 담긴 아이스크림과 마주했다. 먹어도 먹어도 끝이 없었다.

쿠바 음식을 먹으면서 느낀 점은 채소를 잘 먹지 않는다는 것이었다. 아니 적어도 우리가 음식점에서 주문할 때 특별히 샐러드나 채소 위주로 만든 음식을 많이 보지 못했다. 목축업이 발달해서인지 아니면 혁명의 영향으로 채소를 가꿀 형편이 되지 않아서인지는 모르지만 여행 내내 우리는 채소에 굶주릴 수밖에 없었다. 아이스크림 이야기가 나와서 그런데 쿠바의 웬만한 도시에는 아이스크림 체인점 코펠리아가 있었다. 또한 길가에는 아이스크림을 자전거나 이동용 차량에서 파는 경우도 많았다. 적어도 커피와 아이스크림은 아주 싼 가격에 먹을 수 있었다. 에스프레소 한 잔에 1세우페(50원) 정도이고 아이스크림도 한 스쿱에 그 정도이니 그럴 만도 하다. 그렇다고 맛이 덜한 것도 아니었다.

광장에서는 밴드의 연주 소리가 들렸다. 가까이 가보니 클라리넷의 수가 플루트보다도 많았다. 잠시 그들의 연주에 귀를 기울였다. 광장 둘레를 커다란 나무들이 둘러싸고 있었다. 이 나무에는 까마귀 같은 새까만 새들이 잔뜩 앉아 있었다. 이 새소리가 너무도 시끄러웠다. 어둠이 오자 새 울음이 잦아들었다. 그러나 다음 날 새벽 이 새소리가 얼마나 시끄러웠던지 새소리 때문에 잠에서 깼다. 호텔을 끼고 있는 광장에서는 밤새도록 뉴스 같은 내용이 계속 흘러나왔다. 아마 체제를 선전하는 선전 방송일 거라는 생각이 들었다. 우리나라의 1960년대와 70년대를 살았던 사람들이라면 이런 유의 소음을 잘 알 수 있을 것이다. 이런 잔재로 남아 있는 게 시골 이장의 동네 스피커이고 도시에서는 아파트의 공동 스피커가 아닐까 한다.

　다음 도착지인 콜론Colon은 전혀 숙소에 대한 정보가 없어 여행 오기 전부터 고민했던 곳이다. 그래서 콜론의 호텔에 대한 정보를 호텔 프런트에 부탁하니 너무 친절하게 알려준다. 카운터의 여직원은 능숙한 영어로 일처리를 해주었고 외국인 관광객을 많이 대해봐서 그런지 콜론에 있는 산티아고 아바나 호텔에 전화를 걸어 예약까지 일사천리로 처리해주었다. 이제 자전거를 타고 가서 그 호텔만 찾으면 되었다. 하지만 그렇게 단순하진 않았다.

# 4
## 사악한 땅의 황색 얼굴들
### ―산타클라라에서 아바나까지

무릎을 꿇고 사느니
차라리
서서 죽겠다
― 체 게바라

산타클라라
장갑 열차 기념비

임천택 Ernesto Rim(林千澤, 1903~1985) 쿠바 한인 1세대이자, 독립
운동가다. 경기도 광주 출신으로 어머니를 따라 1905년에 멕시코 유카탄
반도로 이주를 했다. 그곳에서 그의 부모와 조선인들은 에네켄 농장에 팔려
가 고된 노동을 해야 했다. 임천택은 1921년에 다시 쿠바로 재이주했다. 쿠
바의 한인들은 한인조직을 만들어 1922년 마탄사스 지역에 민성학교를 세
웠다. 1923년에는 카르데나스 지역에 진성국어학교를 설립했다. 임천택은
이 학교의 교장으로 쿠바 한인들이 조국의 언어와 풍습을 잊지 않도록 노력
했다. 1938년부터 독립 자금을 모금해 군자금을 지원했고 임시정부와 연락
해 민족운동과 독립운동에 헌신했다.

## Santa Clara

산호암으로 된 구릉 한복판의 해발 112미터 지점에 자리 잡고 있다. 1689년 끊임없는 해적의 위협
을 피해 해안의 레메디오스에서 도망친 일가들이 고대 인디언 도시 쿠바나칸이 있던 자리에 세웠
다. 몇몇 책에 따르면 쿠바나칸은 콜럼버스가 몽골 황제 쿠빌라이 칸의 본거지로 잘못 알았던 곳
이다. 초기에는 목축과 조합 산업을 주로 했지만, 20세기 이후에는 설탕과 담배 산업을 바탕으로
번창하게 되었다. 산타클라라 철강연합에서는 철강 제품과 부품을 생산한다. 지리적으로 쿠바 섬
중심부 근처의 중앙 간선 도로변에 위치하며, 쿠바의 주요 철도의 교차점이기도 하다.
또한, 산타클라라는 카스트로와 게바라의 혁명군이 바티스타 정권을 무너뜨리는 데 결정적인 역
할을 한 곳으로 쿠바 혁명의 역사적 의미를 담고 있는 도시이기도 하다. 이곳에서 게바라가 지휘
하는 몇 안 되는 혁명군이 진압을 위해 기차를 타고 이동하던 수천 명의 바티스타 정부군을 상대
로 선로를 끊고 불도저, 화염병 등으로 총 공세를 펼친 끝에 대승을 거두었다. 1958년에 벌어진 이
전투는 바티스타 정권이 무너지는 직접적인 계기가 되었다.

산타클라라는 게바라가 쿠바에서 처음 입성한 대도시다. 여기에서 쿠바 혁명을 실질적으로 성공에 이르게 하는 대전투가 벌어졌으니 이를 쿠바 혁명사에서 산타클라라 전투라 한다.

1958년 8월 31일 게바라는 140명의 병력을 이끌고 시에라 마에스트라 산에서 나와 산타클라라를 향해 출정한다. 그는 경험이 부족한 부하들을 이끌고 걸어서 시에라 마에스트라 산맥을 넘었다. 엘 에스캄브레이 전투를 승리로 이끌었고, 이 지역에서 각 혁명 세력 간의 알력과 권력 투쟁을 협정으로 잘 해결해 무장 세력들을 통일했다. 지금의 중부 지역인 라스 빌라스에 도착하고 10월 16일 산타클라라가 내려다보이는 언덕에 이른다. 이곳에서 지하 활동가 알레이다 마치(게바라와 1959년 결혼)를 만난다.

400명이 채 안 되는 혁명군은 무장된 장갑 열차를 앞세운 4000명이 넘는 정부군과 대적한다. 12월 29일 게바라의 부대는 정부군의 산타클라라 본부와 장갑 열차 간의 교신을 단절시키고 철로도 끊어 장갑 열차는 탈선한다. 탈선된 객차에 화염병을 던지자 객차에 갇힌 정부군들은 투항하기 시작했다. 그의 부대는 장갑 열차를 노획해 정부군의 무기와 탄약을 탈취한다. 1959년 1월 2일 시엔푸에고스 부대와 합류하면서 게바라의 부대는 산타클라라에 입성한다.

## 하룻밤에 2000원, 호텔 맞아?

　게바라의 부대와 정부군의 산타클라라 전투가 있었고, 그가 잠들어 있는 산타클라라를 출발해 여행 오기 전부터 마음에 걸렸던 콜론으로 향했다. 산타클라라에서 마탄사스Matanzas까지는 자전거로 하루에 가기에는 너무 먼 거리였다. 그래서 그 사이에 하루 묵어야 했는데 큰 도시가 없는 것이다. 큰 도시가 없다는 것은 숙박할 곳이 마땅치 않다는 의미기도 하다. 지도에서 보니 산타클라라와 마탄사스의 중간 지점에서 그나마 큰 마을이 콜론인 것 같아 이곳에 숙박하고자 했을 뿐 숙소에 대해 아무런 정보가 없었다. 다행히 산타클라라에서 머문 호텔의 도움을 받아 예약은 했지만 그들도 어렵게 찾은 곳이라 우리는 반신반의했다.

　한적한 도로를 따라 달렸다. 우리 앞에 말을 타고 천천히 가는 한 남자가 보였다. 청바지 차림에 카우보이 모자를 썼다. 자전거를 타면서 말을 탄, 그것도 일반 도로에서 사람을 만난 것은 처음이었다. 옆으로 지나치며 보니 앞가슴은 풀어헤쳐 허연 가슴털이 물결치는 중년의 백인이었다. 사진 한 장 부탁하니 쾌히 승낙한다. 아바나에선 사진을 찍으면 또는 사진이 찍히면 모델료를 달라고 한다고 알고 있었으나 여긴 아바나가 아닌 인심 좋은 시골이다. 자전거와 말, 어느 것이 더 느림을 상징할까? 자전거는 주로 달린다. 자전거로 천천히 가기는 좀 어렵다. 그러나 말은 주로 걷는다. 달려도 타박타박 달린다. 말과 사람은 교감을 할 수 있으나 자전거는 그저 기계일 뿐이다.

작은 마을이 나타났다. 마을 입구에 펼쳐놓은 토마토와 바나나가 보였다. 채소와 과일이 귀하니 보이면 일단 멈추었다. 우리를 보고 주변에 있던 사람들이 모여든다. 할아버지에게서 토마토 한 바구니(좀 작은 것 약 20개 정도)를 샀다. 가격은 10세우페(500원)였다. 거기에서 쉬면서 먹고 있자니 할아버지가 소금과 매운 소스를 내온다. 찍어 먹으라는 것이다. 토마토를 소금에 찍어 먹어본 적은 있지만 매운 소스에 찍어 먹기는 처음이었다. 점심에 맞춰 식당에 들렸다. 메뉴에 4종류의 피자가 있었다. 차이가 어떤지 보려고 일부러 서로 다른 피자 4개를 주문했다. 그러나 우리의 기대는 그대로 무너졌다. 똑같은 피자 4개가 나온 것이다. 누구를 탓하랴, 소통이 안 되었던 것을. 햄 피자 두 개를 더 추가했다. 차이점은 토핑에 햄이 좀 올라갔을 뿐 거의 같았다. 오는 길에 먹고 남은 토마토를 잘라 샐러드처럼 먹었다.

마침내 콜론에 도착했다. 마을은 매우 컸다. 하긴 지도에도 콜론을 중심으로 사방으로 도로가 놓여 있었으니 클 만도 했다. 의외로 쉽게 산티아고 아바나 호텔을 찾았다. 길가 네거리 귀퉁이에 있는 3층짜리 허름한 호텔이었다. 입구 왼쪽에는 편의점이 있었고, 오른쪽에는 식

점심에 맞춰 식당에 들렀다.
메뉴에 4종류의 피자가 있었다. 차이가 어떤지 보려고
일부러 서로 다른 피자 4개를 주문했다. 그러나 우리의 기대는 그대로 무너졌다.

각각 다른 종류의 피자 4개를 시켰는데,
모두 같은 피자 4개가 나왔다.

당이 있었다. 알고 보니 이 호텔은 전형적인 쿠바노 호텔이었다. 즉 쿠바 사람들이 이용하는 호텔이다. 그래서 찾기 힘들었던 같았다. 그런데 그렇게 말이 안 통할 수가 없었다. 그 어느 호텔에서보다도 안 통했다. 그림을 그려 보여줘도 완전히 소통되지 않았다. 방 하나에 침대 두 개를 그리고 또 한 방은 침대 하나를 그리면서 분명하게 트윈 하나와 더블을 달라고 했다. 방을 배정받아 올라가니 양쪽 벽이 창으로 된 전망 좋은 방과 한쪽 벽에만 창이 있는 방이었다. 두 방 모두 침대가 하나 뿐인 더블이었다. 말이 안 통했던 것이다. 방이 없냐 하면 그것도 아니었다. 방은 대부분 비어 있었다. 숙박비는, 전망 좋은 방은 1.75세우세 또 다른 방은 1.5세우세였다. 싼 맛에 하나 더 쓰자고 했다. 그래서 얻은 방은 침대 두 개 달린 방이었다. 처음에 이 방을 얻었으면 추가로 더 얻지는 않았을텐데, 처음으로 독방을 차지했다. 네 명이서 방 3개에 5세우세(6000원) 주고 묵었다. 내 생전 이렇게 싸게 하룻밤을 잔적도 없었지만 앞으로도 없을 것 같다. 하룻밤 묵고 가는데 2000원 정도라니. 호텔 맞아? 가격 대비 괜찮은 호텔이지만 역시 시설 면에서는 외국인을 상대하는 호텔에 비해 많이 낙후되었다. 샤워 꼭지는 물론 세면대도 없었고 물은 쥐 오줌처럼 나왔다. 거울은 보이기는 했지만 뒷면이 습기에 절어 떨어져 나가서 반만 보였다. 양변기는 있었지만 뚜껑과 받침이 없었다.

## 사기꾼 마부를 만나다

여장을 푼 후 마차를 타고 마을 한 바퀴를 돌았다. 그런데 이 마차가 드디어 말썽을 일으켰다. 탈 때 '뭐 얼마나 할까?' 하며 요금을 물어보지 않은 우리 탓도 있다. 안되는 스페인어를 써가며 마부에게 개인이 운영하는 괜찮은 식당에 내려달라 했다. 말이 통했는지 어떤 가정집으로 가는 것 같았다. 들어가 보니 분명 식당이었다.

마침 훤칠하게 잘생긴 남자가 영어를 곧잘 했다. 이 식당의 사위였다. 음식 값은 럼주를 포함해 22세우세였다. 일반 노동자 한 달 월급에 가까운 금액이다. 물론 럼주는 7년산 블랙라벨이 아닌 이들이 흔히 마시는 하얀 럼주였다. 하얀 럼주도 그런대로 좋았다. 나는 보통 술의 생산 연도를 따지지 않는다. 그 이유는 값의 차이에 비해 맛의 차이를 느끼지 못하기 때문이다. 여기서도 7년산 럼주와 3년산 럼주의 맛의 차이가 가격의 차이를 넘지는 못한 듯했다.

그 식당집 사위는 마탄사스의 한 호텔에서 일한다고 했다. 그는 연말연시를 처가 식구와 함께 보내기 위해 이곳에 왔다고 했다. 그래서

인지 영어도 잘했고 아주 친절했다. 이야기를 나누는 도중 정치적 주제가 등장하자 그 친구는 쿠바 정부에 비판적인 태도를 가지고 있음을 암시했지만 더 이상 깊이 말하지는 않으려고 했다. 저녁 또한 돈이 아깝지 않을 정도로 풍성하고 맛있었다. 보통 샐러드하면 토마토 한 접시 깔아주는 것이 보통이었는데 이곳에서는 샐러드를 충분히 내왔다. 럼주를 곁들인 돼지등심, 닭고기, 생선, 소고기 요리 그리고 디저트까지 즐겁게 아주 잘 먹었다.

마차를 부르려했으나 아까 데려다 준 마부가 계속 기다리고 있었다. 우리는 기다리란 말은 하지 않았다. 할 수 없이 그 마차를 타고 호텔로 갔다. 우리는 호텔에서 그 식당까지 꽤 먼 줄 알았다. 그러나 다음 날 마탄사스 가는 도중 길가에 있는 그 식당을 발견했다. 식당의 이름은 라 팔라마La Palama, 호텔에서 걸을 수 있을 정도로 매우 가까운 거리였다. 마부는 우리를 빙빙 돌린 것이었다.

결국 일이 터졌다. 그는 차비로 25세우세를 요구했다. 터무니없는 값이었다. 반나절에 한 달 임금을 벌려는 속셈이었다. 한 건 올렸다고 생각했겠지. 그런데 우리가 누군가? 2세우세가 아까워 산티아고의 모로 요새에서 걸어 내려온 사람들 아닌가. 그것도 넷이서 2세우세. 옥신각신 말이 오갔다. 동네 사람들이 참견하기 시작했다. 우리는 경찰을 부르자고 했다. 한참 실랑이를 벌이고 있는데 마침 영어를 할 줄 아는 동네 사람이 있어 왜 우리가 다투고 있는지 이유를 알려줬다. 우리의 의사가 잘 전달되었는지 주변을 둘러싼 쿠바노들 반응도 마부에게 도통 호감을 느끼는 것 같지 않았다. 결국 그 마부는 5세우세만 받고 돌아갔다.

네거리에 있는 우리가 묵은 호텔 앞에는 주유소가 있고 많은 차가 왕래하나 이건 해도해도 너무 했다. 한 밤중까지 너무 소란스러워 잠을 잘 수 없는 것이다. 웬 사람들의 왕래가 그렇게 잦은지, 밤 1시에 절정을 이루더니 새벽 4시가 되어야 소음이 줄어들었다. 물론 잠은 완전히 설쳤다. 쿠바하면 이 소음! 완전히 질렸다.

카리브 족과 백인,
누가 야만인인가?

2011년의 마지막 날이었다. 잠을 설친 눈으로 일찍 호텔 문을 나섰다. 그러나 7시가 되어야 아침이 나오니 무조건 7시까진 기다려야 했다. 호텔 입구에 있는 식당에 가보니 별로 먹을 것이 없었다. 햄버거를 주문했다. 2세우페(100원)였다. 커피도 없고 마실 물도 없이 햄버거를 먹자니 목이 메었다. 그야말로 꾸역꾸역 목구멍 안으로 집어넣었다. 500원짜리 동전보다 조금 큰 아주 작은 빵 사이에 겨우 고기만 들어 있고 야채도 없었다. 정말 맛도 지지리 없었다.

쿠바 사람들은 연말이 되면 가족이 모여서 음식을 장만하고 파티를 한다고 한다. 그래서 그런지 자전거를 타고 나서니 길가에 노래 소리가 스피커를 통해 점점 많이 들렸다. 특히 이맘때에는 새끼 돼지를 잡아 바비큐를 해 먹는 풍습이 있어 여기저기 길가에 새끼 돼지를 파는 곳도 보였다. 칠면조를 잡아서 음식을 하기도 하는지 길가에서 한 아저씨가 살아 있는 칠면조를 전봇대에 내려치는 장면도 목격했다. 마음이 편치 않았다.

한참을 가다 채소 노점상이 보여 섰다. 토마토 7개와 바나나 몇 개, 양파 3개, 피망 2개를 샀다. 윤 원장이 커피와 채소를 좋아 하는데 항상 부족해 걱정이 많았다. 하지만 그날은 걱정을 하지 않아도 됐다. 이제 커피만 해결하면 될 것 같았다. 커피 한 잔 못 마시고 가다 길가에서 24시간 영업하는 곳이 보여 반가운 마음에 갔다. 가보니 우리를 매장 안으로 들어가게 하는 것이 아니고 바로 앞에 있는 자기 집으로 데려간다. 이 친구가 소리쳐서 자기 아내에게 커피를 준비하라고 한다. 이래도 되나? 그러나 그들은 아무런 망설임도 없었다. 그곳에서 토마토를 씻어달라고 해서 토마토와 바나나를 곁들인 진한 커피 한 잔씩 했다. 흠, 향긋하고 쌉싸름한 그 맛! 쿠바에서 커피는 으레 진한 에스프레소다.

한 마을에 도착하니 겨우 11시 40분. 주변에는 식당도 없었고 마을은 길가에서 약간 떨어져 있었다. 마을로 들어가니 내부가 훤하게 개방된 커다란 식당이 나왔다. 사람들이 식당 입구에서 서성인다. 아직

12시가 안 되어 들어가지 않은 것이다. 아침은 7시, 점심은 12시 그리고 저녁은 7시가 되어야 문을 연다. 기다리지 않고 먹고 싶으면 시간 맞춰 오든가 아니면 문 열 때까지 기다려야 했다. 진날 저녁에 산 절인 양파가 담긴 통조림과 피망 그리고 양파를 썰어서 우리 식으로 샐러드를 만들어 주문한 음식과 함께 먹었다. 통조림은 식초에 잘 절여져 있어 제법 맛있었다.

마탄사스에 들어서니 처음으로 바다가 보였다. 카리브 해다. 용맹한 원주민인 카리브 족의 이름을 따서 지은 것이다. 카리브 족은 식인 습관이 있었다고 한다. 문명을 자랑하는 백인 역시 많은 사람을 죽였다. 먹지도 않으면서 말이다. 특히 북아메리카에서는 5000만 명이 넘는 원주민이 학살당했다. 백인들은 그들의 땅을 빼앗기 위해 무조건 죽였다. 누가 더 야만인인가? 카리브 족인가 아니면 백인인가?

바닷가 풀밭에 잠시 누워 휴식을 취했다. 처음으로 바닷바람을 쐬며 한참을 누워 보냈다. 정 선생이 예약해준 자유 광장에 있는 벨라스코Velasco 호텔로 갔다. 하룻밤에 60세우세로 우리가 묵었던 호텔 중 가장 비싼 호텔이었다. 방은 작았으나 천정은 높았고 그런대로 운치가 있는 호텔이었다.

한참 휴식을 취한 후 저녁때가 되어 나왔다. 산책을 하다가 한 쿠바 커플을 만났다. 결혼한 지 17일 되었다고 하는데 마이클이라고 하는 그 쿠바 남자 너무 말이 많았다. 원래는 산티아고 데 쿠바에서 왔다고 하는데 그곳에 있는 호텔에서 일을 하면서 영어를 배웠다고 했다. 그는 여자 쪽 집안이 마탄사스라 이곳에서 사업을 시작해 정착하려고

●

마탄사스에 들어서니 처음으로 바다가 보였다. 카리브 해다.
용맹한 원주민인 카리브 족의 이름을 따서 지은 것이다. 카리브 족은
식인 습관이 있었다고 한다. 문명을 자랑하는 백인 역시 많은 사람을 죽였다. 먹지도 않으면서 말이다.

항구 도시 마탄사스는 아름다운 관광지로 개발됐다.
비야클라라, 시엔푸에고스와 밀접해 있고, 북쪽으로는 플로리다 해협,
남쪽으로는 카리브 해를 인접해 있다.

한다 했다. 그런데 한시도 말을 끊지 않고 떠드는 완전 수다쟁이였다. 그러나 마음은 고운 것 같다. 부인은 백인이고 마이클은 흑인이다. 그들에게 우리는 지금 쿠바노 식당을 찾고 있으니 좀 알려달라고 했다. 그들이 우리를 쿠바 식당 여기저기로 안내했으나 때가 올해의 마지막 날인지라 열려 있는 식당이 없었다. 마지막으로 그가 안내했는데 식당이라기보다는 술집이었다. 비디오를 틀어놓고 노래하는 사람이 박스 같은 곳에 들어가서 노래를 하고 있었다. 이 비디오 바에서 저녁을 먹었다. 그의 처가집이 바로 근처였는데 식사 후에 오더니 자기 집으로 우리를 데려갔다. 성문 같은 문을 열고 들어가니 길죽하게 현관이 이어지며 방들이 붙어 있고 천장은 얼마나 높던지 아주 시원했다. 그는 우리에게 커피를 내줬다. 물론 에스프레소였다. 그의 처형은 집 앞에서 불법 복제한 음반을 팔고 있었는데 영업이 끝나서 그런지 집 안에 매대를 들여놓았다. 우리는 커피도 대접받고 해서 예의상 음반을 여러 장 샀다.

한 해의 마지막 날이었다. 어떻게 그냥 이 날을 보낼 수 있는가? 고원장 부부는 이미 방으로 들어갔고 전 선생은 잠이 들었다. 한 해의 마지막 밤을 그냥 보낼 수 없어 호텔 로비로 나갔다. 로비에서는 사람들이 노래를 부르고 있었다. 시계는 점점 12시에 가까워져갔다. 헤밍웨이가 즐겨 마셨다는 모히토 한 잔을 기울이며 TV를 보고 있었다. 쿠바의 새해맞이는 어떤지 보고 싶었다. 12시 될 때까지 음악이 흐르더니 12시를 지나면서 마침내 카스트로가 보이고 정치적인 화면이 나왔다. 처음 보는 카스트로의 모습이었다.

민주 국가인 우리나라에서는 대통령의 얼굴이 자주 TV에 나오지만, 사회주의 국가이며 1당 독재 국가인 쿠바에서 나는 이날 처음 TV에 나온 카스트로를 보았다. 12시가 지나면서 로비에 있던 많은 사람들은 서로 아는 사이인지는 모르지만 옆 사람과 포옹을 했다. 나도 옆에 있던 한 아주머니의 포옹 세례를 받았다.

산티아고 데 쿠바에서부터 자전거로 오면서 길가에서 본 풍경 중 인상적이었던 것은 카스트로의 기념물이나 사진보다는 게바라의 기념물과 사진이 훨씬 많았다는 사실이다. 아니 카스트로의 상징물은 거의 없었다. 쿠바 정부의 정치적 계산이 깔려 있는 듯한 느낌이었다. 이미지상 외형적으로 게바라를 내세워 국민들이 정신적으로 연대감을 갖도록 하고, 내부적으로는 카스트로와 그의 동생이 정권을 쥐고 정치적 지배력을 가져가는 듯한 구조 같았다. 그러나 북한과 달리 쿠바는 살아 있는 사람을 숭배하지 못하게 되어 있다.

방으로 들어왔으나 역시 로비에서는 새벽 2시까지 음악을 연주했다. 물론 잠을 이룰 수 없었다. 아침에 일어나니 다음 해가 밝았다. 2012년이었다.

## 조선인의 정착 마을 마탄사스와
## 카르데나스

한국 사람이 쿠바에 건너간 것은 언제부터일까? 조정래의 장편소설
《아리랑》이 떠오른다. 이 소설은 조선인의 멕시코 이민의 애환을 잘
그리고 있다. 한국인의 쿠바 이민사를 그린 유일한 책은 애국지사 임
천택의 딸 마르타 림 김(임은희)과 그 남편이 저술한 《쿠바의 한국인들》
이다. 임은희는 아바나 대학을 졸업한 뒤 마탄사스 종합대학 교수를
거쳐 마탄사스 종합대학의 철학부장을 역임했다. 그녀는 "쿠바 혁명
으로 교육과 의료 부분에서 지난날과 같은 불평등이 사라진 다음부터
한인 후예들도 교육과 취업의 평등한 기회를 더 많이 누리게 됐다"[36]
고 쿠바 혁명을 긍정적으로 평가했다.

에네켄은 용설란과에 속하는 식물로서 그 잎에서 섬유를 뽑아 밧줄
을 만들 수 있다. 에네켄 농장이 많은 멕시코의 유카탄 지역에서는 밧
줄을 만드는 데 필요한 노동력이 매우 부족했다. 그러자 미국의 콜로
니알 회사는 에네켄 농장에 필요한 노동자들을 조선에서 모집했다.

이 회사는 조선 정부와 어떠한 공식적 협상도 없이 사람들을 모집했다. 이들의 거짓 선전에 속아 전국에서 많은 노동자들이 인천으로 모여들었다. 신체 건강한 40세 미만의 각계각층의 조선인 1033명은 큰돈을 벌어 다시 귀국할 꿈을 안고 1905년 초에 인천을 떠났다. 6주간의 고된 항해 끝에 3명이 죽고 1030명이 4월 15일에 멕시코에 도착했다. 매우 열악한 노동 환경에서 1909년 계약이 끝났으나 조선인은 돈을 모으지 못했다. 새로운 계약을 맺지 못한 조선인은 각자 직업을 찾아 멕시코 전역에 흩어졌다.

1921년 당시 설탕 가격이 올라 상대적으로 잘 살고 있는 쿠바에 대해 한 한국인이 선전하면서 300명[37]의 한인이 최소 1년간의 계약과 국민회 지부를 세울 수 있는 조건으로 쿠바의 사탕수수 농장에 노동자로 가기 위해 3월에 멕시코를 떠났다.

3월 25일 지금의 산티 스피리투스 주 남부에 있는 마나티Manati 항구에 도착했다. 이들 중 멕시코인은 돌아가고 245명의 조선인은 남았다. 이 중 오직 94명만이 1905년에 이민 온 첫 세대였고 나머지는 멕시코에서 태어나거나 혼혈이었다. 마나티는 현재 쇠퇴했지만 설탕 산업이 번성할 때는 쿠바 제1의 항구였다. 한인들이 모여 살던 한인 마을을 지금도 라 코레아La Corea로 부르고 있다. 2001년 3월 한국은 이 항구에 한인 이민 80주년을 기념하는 기념탑을 세웠다.

제1차 세계대전으로 세계 제일의 설탕 공급국이 되었던 쿠바는 한인이 도착할 시기엔 설탕 가격이 폭락해 경제 상황이 좋지 않았다. 거의 최저 임금만 받으며 거친 사탕수수 농장에서 고되게 일하던 한인들은 일거리를 찾아 마나티를 두 달 만에 또 떠나야 했다. 멕시코에 적을 둔 일부는 멕시코로 돌아갔고 일부는 라스 투나스와 시에고 데 아빌라 등 동쪽으로, 또 다른 일부는 에네켄 농장이 있는 서쪽의 마탄 사스로 이주했다.

한인들은 1921년 5월 마지막 날 계약을 맺은 회사가 있는 마탄사스로 향했다. 농작물 재배가 한창일 때 도착한 한인은 에네켄 농장의 경험이 많아 환영을 받았다. 회사에서는 마탄사스에서 4킬로미터 떨어진 엘 볼로El Bolo 농장에 있는 허름한 집들을 한인에게 제공했다. 숙련된 한인 기술자들은 쿠바의 에네켄 산업에 지대한 공헌을 했다. 그러나 모두에게 일자리가 돌아간 것은 아니었다.

당시 막 커져가는 도시 카르데나스Cardenas와 아바나로 일부가 이주했다. 카르데나스 출신 시인 이그나시오 페레스 레케나는 일과를 마치고 돌아가는 한인의 모습을 다음과 같은 시[38]에 담았다.

정오 12시에/ 고된 길을 따라
작열하는 황폐한 대지 위로/ 노동자 무리들이 돌아온다.
사악한 땅에서/ 황색 얼굴과
찢어진 눈초리의/ 단순한 한국인이 돌아온다.

결국 한인들은 마나티를 기점으로 쿠바 전역에 퍼져나간다. 1921년 초기 마나티에 들어온 245여 명의 한인은 카마구에이와 그 동쪽의 오리엔테 그리고 아바나와 마탄사스로 흩어졌다. 동부 지방에 정착한 한인들은 가족 단위로 쪼개져 서로의 연결 고리가 끊어지면서 민족적 뿌리를 찾는 힘이 날이 갈수록 약화되었다. 그러나 마탄사스와 카르데나스에 뿌리를 내린 한인들은 서로 뭉쳤고, 전력을 다해 실행 가능한 전통과 풍습을 계승했다. 그 결과 지금은 마탄사스와 카르데나스 그리고 아바나에 한인 핵심 거주지가 있어 한국의 전통이 이어지고 있다고 한다.

쿠바 한인회의 고국 독립운동 지원

마탄사스에 정착하자 일본 영사가 한인들을 일본인으로 등록시키려 했다. 그러나 이에 대항해 페드로 이와 박창운 등을 중심으로 정착 5개월 만인 1921년 9월 푸에블로 누에보 지역의 산 비센테 55번가에 국민회를 창설했다. 국민회는 이사를 거듭하다 1944년 임천택의 집인 칼사다 데 에스데반 44번지로 옮겼다. 카르데나스 농장 거주 한인은 1927년 8월에 국민회를 설립했다. 1943년 3월에는 아바나에서 국민회가 설립됐다. 마탄사스와 카르데나스와는 달리 아바나 국민회는 쿠바 전역에 거주하는 모든 한인들을 대상으로 대한민국 임시정부의 노선에 반대하지 않는 사람만 회원으로 받아들였다. 마탄사스와 카르데나스는 샌프란시스코 북미 지방 총회의 지시를 받았으나 아바나는 독자적으로 운영했고 1953년 1월에 해체됐다.

마탄사스에서 1923년 1월 교사직이 생기면서 한글 학교인 '민성학교'가 생겨 사라져가는 한글 교육을 하며 민족의 정체성을 지키려는 노력을 했다. 한인들은 주로 개신교를 믿고 있었고 엘 볼로에는 한인 감리 교회가 세워져 자체적으로 선교 활동을 했다.

쿠바의 한인들은 경제적으로 어려웠음에도 매달 일정액을 거둬 일제 식민지에 놓였던 고국의 독립 투쟁에 동참했다. '쿠바와 함께 한국의 승리를 위해'라는 표어를 새긴 금속 메달과 국기를 팔아서 모은 돈을 대한민국 임시정부 김구 앞으로 보냈다. 임천택은 1937년 10월과 41년 사이에 아바나의 중국계 은행을 통해 세 번에 걸쳐 1835달러를 송금했다. 당시 어려운 형편에는 큰 돈이었다. 김구의 《백범일지》에는 "쿠바의 임천택, 박창운 등 제씨가 임시정부에 후원했다.…… 미주, 하와이, 멕시코, 쿠바의 우리 교포들 전부가 유지, 발전에 공동책임을 지게 되었다"란 말이 나온다.

당시 국립경찰의 2인자인 살바도르 디아스 베르손은 한국은 일본의 속국이므로 한인들이 일본의 간첩이라는 논리를 폈으나 1941년

1922년 민성학교 ●
교사와 학생들.

12월 마탄사스 국민회에서 한인들의 정체성을 발표해 의심을 해소했다. 1945년 해방되는 날까지 대중 집회에 참여하며 조국의 독립 전쟁 자금을 걷었다.

한국이 해방되자 한인공동체의 정체성이 약화되고 쿠바 사회로 동화되기 시작했다. 한국 전쟁이 발생하자 미국의 속국이었던 쿠바는 대한민국을 지지했다. 그러나 한인들은 정치적 판단을 유보했다. 쿠바 혁명이 일어났을 때에는 임은조가 혁명에 참가했고 1970년대 앙골라 내전에 참전한 한인도 있다.

1960년 쿠바와 북한이 수교를 맺으면서 두 나라는 가까워졌다. 1986년 3월 카스트로가 북한을 방문해 양국 간의 우호 협정서를 체결했다. 그러나 미국의 입김을 강하게 받는 대한민국은 아직도 쿠바와 수교를 하고 있지 않다.

쿠바 이주자들은 이민 초기부터 차츰 사회적 격차가 생겨났다. 계속 에네켄 농장에서 일하던 많은 한인들은 가난에서 벗어나지 못한 반면 도시로 진출한 사람들은 대부분 기반을 잡을 수 있었다.

1998년 기준으로 한인은 쿠바의 8개 주 21곳에서 약 640여 명이 살고 있는 것으로 추정한다. 현재 카르데나스에 한인이 가장 많이 살고 있으며 아바나와 마탄사스 등에 주로 살고 있다. 1970년대 이후 출생한 한인은 거의 대부분 쿠바인과의 혼혈이다.

쿠바 이민사의 주요 인물인 임천택은 1903년 경기도 광주에서 태어났다. 2년 뒤 홀어머니와 함께 멕시코로 이주했고 다시 18살에 쿠바로 건너왔다. 원래 기독교인이었던 그는 천도교로 개종하고 1930년 3

월 카르데나스에 공식적인 천도교 교회를 설립했다. 그러나 1937년 서울의 천도교 본부가 친일 행위로 돌아서자 교회를 폐쇄했다.

임천택은 한인들의 국민회를 세웠고 민성학교를 세워 한인 교육 사업에 남다른 열정을 보였다. 그는 교사와 교장으로 활동했고 '한인의 장래는 한인에 달려 있다'는 취지와 광복 사업 도모, 인재 육성을 목표로 청년학원을 설립했다.

임천택은 1923년 쿠바 한인 독립 선언 시위를 주도했고 한인 가정들이 매끼니마다 식구 수대로 곡식 한 숟가락을 아꼈다가 마을 창고에 저장하는 방법으로 모은 자금을 상해 임시정부에 전달했다. 백범 김구는 이를 임정 관련 서류에 기록했고, 1938년 인편을 통해 고마움을 표시하는 서신을 쿠바로 보냈다.

1985년 죽을 때까지 임천택은 고향 땅을 밟지 못했다. 그는 독립자금을 모금해 상해 임시정부에 지원하는 등의 공로로 1997년 적성국 국적으로는 처음으로 건국훈장 애국장을 받고 대전 현충원에 안장됐다.

임은조는 임천택의 장남이다. 1926년 마탄사스 외곽에 있는 에네켄 농장에서 태어난 그는 고학을 하면서 아바나 법대를 다녔다. 같은 해에 법대에 입학한 카스트로와 함께 강의도 듣고 시국 토론과 시위에도 참여했다. 졸업을 1년 앞둔 1949년 그는 학업을 접고 카스트로와 함께 진보정당 오르토독소에 입당해 바티스타 독재 정권에 본격적으로 저항하는 직업 혁명가가 됐다. 이후 10년 동안 그는 출생지인 마탄사스 일대에서 도시 게릴라 활동을 전개하며 시청을 점령하고 교량을 폭파하는 등 정부군과 전투를 했다.

쿠바 혁명에 가담한 임은조는 혁명 바로 뒤 게바라가 산업부 장관으로 있을 때 관리로서 그를 보좌했다. 1967년 쿠바 정부 관리로서 그는 북한을 방문해 처음으로 반쪽짜리 조국 땅을 밟았다. 그는 게바라에 대해 몸소 겪은 일화를 들려준다. 게바라는 심장병을 앓아 호흡도 제대로 못한 병든 몸으로 헐떡거리면서도 부하 직원들과 함께 악취가 코를 찌르는 화학 비료 공장에 가서 자원봉사 활동을 하는 등 솔선수범했다고 한다. 또한 장관인 그의 해외 출장 준비를 꾸리던 비서관이 가방 안에 구멍이 뚫린 양말 세 켤레만 있는 것을 보고 새 양말을 구입해 오는 광경을 직접 목격했다고 말한다.

임은조는 혁명 후 산업부 차관까지 지냈으며 1988년 퇴직 후엔 아바나 인근 소도시 키테라스 시장 선거에 출마해 당선되기도 했다. 1992년부터는 택시를 몰고 쿠바 전역을 돌며 한인 명단을 만들고 협회를 세웠다. 그는 2008년 죽는 날까지 한인 교민회를 조직하고 한글 학교와 한국 문화 박물관을 개설하는 일에 힘썼다.

자전거를 택시에 싣고
아바나에 입성하다

　새해 첫날이며 일요일이었다. 쿠바를 완주하는 마지막 날이기도 했다. 호텔을 나와 광장을 한 바퀴 돌고(광장은 길이 한 방향이다) 왔던 반대 방향으로 가니 우리가 올 때 봤던 바다가 나온다. 4킬로미터까지 완만한 언덕이 이어진다. 언덕 위에서 바라보는 바다 빛깔이 너무도 환상적이다. 뉴질랜드 남섬의 중부에 있는 테카포 호수의 환상적인 빛깔에 놀란 이후로 두 번째다. 도로는 지금까지 지나왔던 기존 도로와 달리 포장이 잘 되어 있었고 상태가 매우 양호했다.

　쿠바의 7개 수려한 토목건축 중 하나인 바꾸나야구아 다리가 보인다. 다리는 매우 깊은 계곡을 가로질러 있었다. 약속의 다리라고도 부르는데 그 이유는 카스트로가 쿠바 혁명 당시 이 주변 주민에게 완성시켜주기로 약속했기 때문이다. 그는 혁명에 성공한 후 바로 이 다리를 완성했다. 바티스타 정권인 1956년 시작해 혁명을 완수한 1959년 9월 26일 준공했다. 이 다리는 아바나와 마탄사스를 가르는 경계선

역할을 하며, 높이 110미터, 길이 310미터, 폭 16미터이다.

　다리 중간에서 내려보면 아래가 까마득한 이 다리에는 다음과 같은 일화가 있다. 쿠바가 혁명을 이루고 나서 2년 후인 1961년 4월 미국이 훈련시킨 용병이 피그스 만을 침공해 잠시나마 전쟁을 한다. 이 전쟁 이후 쿠바는 군복무가 의무화되었다. 당시 혁명 반대 세력들은 이 새로운 군복무 제도에 대해 흑색선전을 했다. 일단 군대에 들어가면 다시는 못 나온다, 어디로 끌려가서 죽도록 고생할지도 모른다. 카스트로가 어디론가 멀리 보낸다는 등 엄청난 소문이 돌았다. 그래서 한 청년이 군 입대를 앞두고 애인과 함께 이 다리에서 떨어져 자살했다고 한다.

　다리 초입에서 경치를 구경했다. 숲 너머로 멀리 바다도 보였다. 마침 소풍 나온 한 일가가 옹기종기 모여 앉아 경치를 감상하고 있는 것이 보였다. 다리를 건너니 이 다리의 초석이 세워져 있었다. 지은 지 50주년을 기념해서 세워진 것 같다. 거기에는 이렇게 쓰여 있다.

쿠바 토목공학의 경이로움

1959년 9월 26일

설계자: 토목공학자 루이스 사엔스 두쁠라쎄Luis Sáenz Duplace

건축: 사엔스 깐씨오 이 마르띤 회사

50주년 기념

우나익-마탄사스

2009년 9월 26일

다리는 매우 깊은 계곡을 가로질러 있었다.
약속의 다리라고도 부르는데 그 이유는 카스트로가 쿠바 혁명 당시
이 주변 주민에게 완성시켜주기로 약속했기 때문이다. 그는 혁명에 성공한 후 바로 이 다리를 완성했다.

쿠바의 가장 수려한 토목건축 중
하나인 바꾸나야구아 다리.
쿠바에서 가장 높은 다리이기도 하다.

다리 끝에 다다르니 인접한 산마루에 전망대가 있었다. 다리를 내려다볼 수 있는 아주 좋은 곳이었다. 전망대에서는 여러 가지 상품을 팔고 있었다. 우리는 열대 과일을 즉석에서 과즙을 추출해 만든 피나콜라다 주스를 마셨다. 무려 한 잔에 2.75세우세였다. 기념품은 주로 가죽으로 만든 수제품이었다. 사고 싶어도 자전거 여행이라 무게를 늘릴 수 없어 살 수 없었다. 전 선생은 가죽으로 만든 야구공을 하나 샀다. 한 가지 이상 한 것은 쿠바 사람들이 야구를 무척 좋아한다고 들었는데 자전거로 여행하는 동안 야구하는 모습이나 야구장 같은 시설을 보질 못했다는 점이다.

해수욕장에 인접한 마을에 도착했다. 그곳의 한 허름한 식당에 들어가려는데 펑크 난 자전거 타이어를 들고 한 사람이 우리에게 다가왔다. 그는 캐나다 사람이었다. 이곳에서 사는지 아니면 관광하러 왔는지는 모르지만 우리는 펑크 난 곳을 때워주었고 바람도 넣어주었다.

나는 그 사이 마을을 좀더 둘러봤다. 조금 더 가니 길가에 비키니만 입고 돌아다니는 아가씨들이 많았다. 버스가 오고가는 교차로에는 좀더 근사한 식당이 있었다. 카페테리아 같은 현대식 건물이었다. 일행을 이 식당으로 데리고 왔다. 윤 원장이 우리나라의 갈비찜 같은 음식을 시켰는데 우리가 시킨 음식 중 가장 맛이 있었다. 그 이후에도 이 음식을 주문하려 했으나 이름을 알아두지 못해 결국 더 이상 볼 수 없었다.

쿠바도 유전 국가라는 것을 처음 알았다. 해변가에 유전 지대가 듬성듬성 있었고 메뚜기 모양을 한 펌프로 기름을 퍼 올리는 게 보였다. 시설은 아주 초라해 보였다. 아마 미국의 경제 제재 때문일 것이다.

유전 지대를 지나가니 냄새도 좀 나고 민가는 거의 없어 매우 삭막했다. 여행에서 돌아오자마자 쿠바의 유전이 기사화된 것을 봤다. 쿠바가 국제 컨소시엄을 통해 유전 개발을 하는 것에 미국이 몹시 심기가 불편하다는 내용이었다. 수십 년에 걸친 경제 제재에도 망하지 않고 게다가 유전 개발까지 한다니 몹시 성질나는가 보다.

마침내 아바나 입구가 보였다. 아바나 시내로 들어가는 길은 두 군데였다. 바다가 호처럼 내륙으로 깊숙이 들어와 있어 만을 따라 빵 돌아서 가는 방법과 해저 터널을 지나 바로 가는 방법이다. '자전거가 터널을 통과할 수 있을까' 하는 염려에 지도도 잘 살폈고 오는 도중 이정표도 열심히 살폈으나 단 한군데도 자전거 출입을 금하는 표시가 없었다. 고속 도로도 자전거가 다니는 나라이니 갈 수 있겠다 싶은 막연한 추측으로 잘 뻗은 길을 따라 질주했다. 해저 터널 입구에서 모두 함께 가기 위해 기다렸다. 쉬고 있는 사이 제복 입은 한 관계자가 오는 것이 보였다. 그는 자전거는 터널로 들어갈 수 없다고 한다. 그러고 보니 통행하는 자전거는 한 대도 없었다. 다시 돌아가기는 너무 멀어 생각 끝에 지나가는 차를 타기로 했다.

일행이 모두 도착하고 우리는 택시를 잡았다. 5세우세로 협상하고 택시 두 대에 자전거를 나눠 싣고 순식간에 해저 터널을 빠져나갔다. 터널을 빠져나오자마자 우리가 한 번 와봤던 말레콘 방파제가 보였다. 우리가 처음 묵었던 까사도 거기서 멀지 않았다. 근사한 모로 요새Castillo de los Tres Reyes del Morro를 바라보며 모든 일정을 끝냈다.

모로 요새는 신성한 세 왕들의 성으로 16세기 말 스페인이 해적들

일행이 모두 도착하고 우리는 택시를 잡았다.
5세우세로 협상하고 택시 두 대에 자전거를 나눠 싣고 순식간에
해저 터널을 빠져나갔다. 터널을 빠져나오자마자 우리가 한 번 와봤던 말레콘 방파제가 보였다.

모로 요새가 바라보이는
말레콘 방파제에서 아무런 사고 없이
완주함을 기념하다.

로부터 아바나 항구를 보호할 목적으로 해안 암초에서 떼어낸 산호 덩어리로 세웠다고 한다. 19세기 들어 대부분 성벽을 철거하면서 시민들은 해안으로 이주하기 시작했고 세찬 파도를 막기 위해 8킬로미터에 달하는 방파제를 건설했다.

아바나는 카리브 해의 진주라고 불릴만큼 아름다운 항구 도시이다. 16세기 초반에 세워진 아바나는 1607년에 수도가 되었다. 이전에는 산티아고 데 쿠바였다. 지리적 위치로 유럽 국가들이 중남미에서 획득한 보물을 본국으로 운송하는 선단의 집결지였던 아바나는 식민지의 중요 도시로 발전했다. 몰려드는 해적을 방어하기 위해 주변에는 성채를 쌓았다. 1837년에 식민지 최초로 철도가 놓여졌다. 20세기 초 미국의 식민지가 되면서 아바나는 갱들이 몰려드는 최대의 향락가로 전락했다. 그러나 혁명으로 카지노와 매춘이 사라졌다. 슬럼가가 철거되고 대신 저렴한 아파트가 건설되어 시민 생활이 크게 향상되었다. 농촌 개발을 우선시한 혁명 정부는 불필요한 도시 재개발을 하지 않아 수백 년이 된 건물들은 아주 낡았다. 하지만 예전 시가의 모습을 그대로 담고 있어 1982년 세계문화유산으로 지정됐다.

마탄사스에서 아바나까지는 언덕이 고루 섞여 있고 포장 상태도 좋아 자전거 타기에 최적이었다. 그래서인지 자전거를 타는 많은 외국인을 볼 수 있었다. 우리가 아바나에 거의 도착할 즈음에 아바나에서 출발한 듯한 자전거 여행자를 볼 수 있었다. 우리보다 더 많은 짐을 자전거에 싣고 우리와는 반대 방향으로 가는 그들을 보면서 안전하고 즐거운 여행이 되길 기원했다.

# 5
# 소설가가 남긴 도시
## —아바나를 떠나며

우리 모두 현실주의자가 되자.
그러나 가슴속엔
항상 불가능한 꿈을 가지자
— 체 게바라

ERNEST

HEMINGWAY

1898 — 1961

코히마르에 있는
헤밍웨이 기념상

어니스트 헤밍웨이 Ernest Hemingway(1899~1961) 간결하면서도 힘이 넘치는 독창적인 문체로 20세기 작가들에게 지대한 영향을 미친 헤밍 웨이. 제1차 세계대전이 발발하자 자원입대해 이탈리아에서 앰뷸런스 운전 수로 참전했다. 이때의 경험은 1928년 9월에 발표한 그의 작품《무기여 잘 있거라》의 토대가 되었다. 제2차 세계대전 종전 후 쿠바에 체류하면서 집필 한 작품《노인과 바다》를 출간한 헤밍웨이는 이 작품을 가리켜 스스로 '내 가 쓴 작품 가운데 최고의 작품'이라고 평가했다. 1952년,《노인과 바다》출 간 직후에 아프리카로 여행을 갔다가 비행기 사고로 크게 부상을 입었으며, 1961년 결국 자살했다.

## La Habana

아바나는 쿠바의 수도로 카리브 해에서 가장 큰 도시이며, 스페인 정복 초기에 세워졌던 7개의 정 착지 중 하나다. 신대륙과 유럽을 잇는 전진 기지로서 쿠바의 전략적 중요성이 가장 두드러지는 곳이 아바나였다. 1556년 산티아고 데 쿠바의 총독관저가 아바나로 옮겨졌고 1592년 수도의 지 위를 얻었다. 신대륙과의 무역 거점으로서 아바나는 스페인의 경쟁자들과 해적의 위협을 받았고 요새가 발달했다.

쿠바의 수입·수출 교역은 대부분 아바나 항을 통해 이루어진다. 세계적인 도시로 성장한 현대적 시가지에는 과거 식민지 시대의 유적들과 현대적 건축물이 함께 어우러져 있다. 풍파가 많았던 도시의 역사에도 불구하고 아바나는 오늘날 100년 전 지어진 도시의 이미지가 그대로 남아 있다. 1950~60년대식 미국의 자동차가 거리를 활보하고, 이곳저곳 페인트칠이 벗겨진 건물들이 즐비 하며 한때 도시의 부흥을 알게 해주는 스페인 식민지 시절의 거대한 건축물들이 많다.

역사의 숨결을 간직한 아바나 성벽은 파괴된 채로 여전히 남아 있으며, 모로 성을 비롯한 오래된 군사 건축물들도 그대로 남아 있다. 식민지 시대의 아름다운 교회와 시민공원도 볼 수 있다. 정부 와 쿠바 공산당중앙위원회가 아바나 시에 있으며 아바나 대학교는 훌륭한 교육기관으로 명성이 자자하다. 시내 주요 교통수단은 넓은 시가지를 운행하는 버스다. 버스 노선과 철도 노선이 지방 중심지 및 다른 도시들까지 이어진다. 항구에서 남쪽으로 13킬로미터 떨어진 곳에 호세마르티 국 제공항이 있다. 727제곱킬로미터의 면적에 218만의 인구(2001)가 살고 있다.

자전거로 해외여행을 하면 귀국할 때 다시 자전거를 포장할 종이 상자가 필요하다. 우리나라와 달리 외국에서는 포장 상자를 구하기가 쉽지 않다. 더구나 자원이 너무도 부족한 쿠바에서 상자를 다시 구하는 일은 시간도 많이 들고 더불어 그만큼 또 비용을 지불할 게 뻔했다. 그래서 여행이 끝나고 아바나에 들어오는 날도 처음 묵었던 까사에서 숙박하기로 예약하고 그곳에 부탁해 산티아고 데 쿠바로 떠나기 전 자전거를 포장했던 상자를 모두 맡겼다.

아바나에 도착하고 처음 묵었던 까사로 갔다. 떠날 때는 잘 몰랐었는데 까사는 가까운 올드 아바나Old Habana에 있었다. 가보니 우리가 묵기로 했던 방은 이미 다른 사람에게 선약이 되어 있었다. 할 수 없이 전 선생과 나는 근처 캐리비안 호텔Hotel Caribbean로 갔다. 하룻밤에 50세우세로 3일간 투숙하기로 했다. 고 원장 네는 까사에서 하루 더 자고 다음 날 호텔로 오기로 했다.

저녁을 먹기 위해 식당을 찾다가 30대 초반쯤 되는 한국인 관광객 커플을 만났다. 그들은 스페인어를 잘했다. 그들에게 아바나 식당에 대한 정보를 얻어 아바나 비헤아La Habana Vieja에 있는 라 루즈라는 식당을 찾아갔다. 식당 입구에 몇 명이 이미 기다리고 있었고 자리가 날 때마다 기다리던 사람들이 들어갔다. 이렇게 오래 기다리다 문 닫는 게 아닌가 하는 우려 속에 마침내 우리 차례가 왔다. 식당에 들어서자 매우 높은 천장이 눈길을 끌었다. 바bar 같은 분위기의 넓지 않은 식당은 매우 운치가 있었다.

아무런 사고 없이 끝낸 쿠바 자전거 완주를 성공하는 축하 파티를 열었다. 식당에서는 럼주를 병 채로 팔지 않는다고 해 그곳에서는 간단히 저녁만 먹었다. 고 원장네 까사에서 술을 포함한 축하 파티를 하기로 했다. 우리는 아바나클럽 7년산 1리터와 시간이 늦어 어렵게 구한 안주로 까사에서 밤 1시가 넘도록 대화하고 시간을 보냈다. 밤 늦게 나온 우리는 호텔을 제대로 못 찾아 한참 헤매다가 겨우 찾아 들어갔다. 호텔 문이 닫혀 있었기 때문이다. 이렇게 해서 2012년 새해 첫날을 보냈다.

미국의 쿠바 체제 전복 기도와 이중성

1959년 카스트로는 쿠바 혁명을 달성해 미국이 20년 동안이나 지지한 쿠바의 독재자 바티스타를 제거했다. 혁명을 완수한 초기 카스트로와 미국의 관계는 그런대로 괜찮았다. 그러나 카스트로는 예전의 독재자들과 달리 미국에 고분고분하지 않았다. 오히려 도전적이었다. 자신의 앞마당 격인 카리브 해에 자기들이 신뢰하지 않는 정부가 들어서는 것을 못마땅하게 생각한 미국은 카스트로 암살을 시도하는 등 카스트로 정부를 전복시킬 계획을 수도 없이 세웠다.

미국은 1959년 자신의 꼭두각시나 다름없는 도미니카의 대통령 트루히요로 하여금 쿠바의 반혁명 세력에게 무기를 제공하게 하고 아이티와 도미니카에 있는 쿠바 대사관을 습격하게 했다. CIA는 쿠바에 비밀 요원을 침투시키며 체제 전복을 기도했고 30여 차례나 카스트로 암살을 기도했으나 모두 실패했다. 1960년 CIA는 벨기에산 무기와 군수 물자를 싣고 아바나에 정박 중인 프랑스 선박 라 코브레 호를 폭파시켜 수백 명의 사상자를 냈다.

혁명 당시 쿠바의 경제 상황은 미국의 다국적 기업과 손을 잡은 일부 자본가들이 모든 경제 자원을 독점해서 빈부 격차가 매우 심했다. 쿠바 인민들의 주거 환경은 매우 열악했다. 혁명 정부는 모든 국민이 자기 집을 소유할 수 있게 도시 거주민들은 부동산을 하나만 가지도록 제한하고 그 이상은 정부가 몰수해 집 없는 사람에게 나누어줘 월세로 집값을 상환하도록 했다. 외국 재단과 대지주가 소유한 토지는 국유화하고 누구도 일정 이상 토지를 소유하지 못하도록 했으며 모든 기업을 국유화했다.

쿠바에 엄청난 부동산 자산을 갖고 있는 미국은 당연히 이러한 조치에 불만을 나타냈다. 1960년 5월 미국은 쿠바의 설탕 쿼터 양을 대폭 축소하는 등 강력한 경제 제재를 가했다. 그러자 쿠바는 자국의 설탕을 수입하기로 한 소련과 국교를 맺었다. 소련은 쿠바를 원조했으나 미국과 달리 쿠바를 경제적으로 침략하지 않았다. 쿠바는 모든 외세로부터 진정한 독립을 달성하게 되었다. 1961년 1월 케네디가 대통령이 되면서 미국은 쿠바와 외교 관계를 끊고 여행을 금지시켰으며 설탕 수입을 아예 중단했다. 무력 침공의 분위기가 조성된 것이다.

케네디는 대통령에 취임하고 3개월 후 쿠바를 침공하면서 카스트로 체제의 전복을 꾀한다. 1961년 4월 15일 쿠바 공군기로 위장한 미국 폭격기가 니카라과를 이륙해 아바나와 산티아고 데 쿠바의 비행장을 공격한다. 이틀 뒤인 17일 CIA가 과테말라에서 훈련을 시키고 니카라과로 이동시킨 쿠바 국적의 미국 용병 1400여 명이 마탄사스 주 남부 해안에 있는 피그스 만으로 알려진 플라야 지롱Playa Giron에 상륙한다. 그러나 미국의 공중 폭격에서 살아남은 8대의 쿠바 공군기는 군수 물자를 싣고 상륙하려던 함정을 침몰시킨다.

CIA는 눈엣가시 같은 카스트로를 제거하려고 마이애미의 쿠바 난민들을 게릴라로 위장시켜 상륙시킨 후 일정 지역을 장악하고 새로운 정부를 선언하게 할 예정이었다. 이에 호응해 거대한 민중 봉기가 일어나면 미국은 이 정부를 인정하고 대규모 병력을 보내려 했다. 그러나 미국이 기대한 민중 봉기는 일어나지 않았고 오히려 침공군 대부분이 투항해 3일 만에 작전은 실패로 끝났다. 쿠바 인민이 미국에 대항해 첫 승리를 한 것이다.

피그스 만 침공은 미국과 소련 사이의 미사일 위기를 낳았고 냉전은 극에 달했다. 미국과의 관계 개선을 바라던 쿠바 혁명 정부는 이 침공으로 미국에 대한 모든 기대를 접고 사회주의로 선회했다. 사로잡은 1200여 명의 포로를 6200만 달러에 해당하는 식량 및 의약품과 교환해 미국에 굴욕을 안겼다. 11월 케네디는, CIA가 첩보와 군사 공

케네디는 대통령에 취임하고 3개월 후 쿠바를 침공하면서 카스트로 체제의 전복을 꾀한다.
1961년 4월 15일 쿠바 공군기로 위장한 미국 폭격기가 니카라과를 이륙해
아바나와 산티아고 데 쿠바의 비행장을 공격한다.

피그스 만 침공
실패 이후 쿠바의 포로가 된
쿠바 국적의 미국 용병들.

격 및 암살 등을 통해 쿠바를 불안하게 만드는 세계 최대 비밀 작전이 되는 '몽구스 작전'에 거대한 예산을 할당한다. 이 작전으로 피그스 만 침공 이후 황폐해진 쿠바 내 지하 저항 네트워크를 재건하는 활동을 한다.[39]

1962년 1월 미국의 지배를 받는 미주기구가 쿠바를 제명하자 카스트로는 2월에 '남아메리카에 혁명이 불가피하다'는 이른바 제2의 아바나 선언을 발표한다. 6월 카스트로는 당시 도르티코스 대통령과 게바라의 묵인 아래 쿠바에 소련의 핵 미사일 설치를 수락한다. 바로 이어 7월에 소련은 쿠바에 미사일 기지를 세우고 8월에 핵탄두를 설치한다. 그러자 10월 16일 미국은 쿠바로 향한 모든 선박을 강제로 수색한다고 공표한다. 이는 사실상의 선전 포고나 다름이 없었다. 10월 22일 케네디는 확실한 증거를 제시하며 쿠바 해역을 봉쇄하고 소련에 미사일 기지 철수를 요구한다. 핵 전쟁도 불사하겠다는 케네디의 강력한 요구에 굴복한 소련은 24일 쿠바와 아무런 상의 없이 선박의 항로를 바꾸었다. 카스트로와 게바라는 이 사실에 크게 분노했다. 28일 소련은 쿠바의 미사일 기지를 철거하는 대신 미국도 아시아의 터키에 설치된 미사일을 철수하고 쿠바에 침략하지 않을 것을 요구했다. 하지만 미국은 쿠바를 침공하지 않는 대신 오늘날까지 경제 봉쇄를 가하고 있다.

이 사건으로 미국과 소련 사이에는 핫라인이 설치됐다. 흐루시초프는 케네디에게 쿠바에 대한 경제제재를 풀고 관타나모 기지를 철수하라고 요구하지만 케네디는 모두 무시했다. 다음 해 카스트로와 회담을 열기로 한 케네디는 회담 직전에 암살됐고 흐루시초프도 2년 후 실각됐다. 그러나 최후 승자답게 카스트로는 아직도 건재하다.

미국은 이후에도 카스트로 암살을 계속 시도했으며 각종 군사적 도발 행위를 벌여 쿠바 군대와 국민의 인명 피해는 계속됐다. 제2차 세계대전이 끝난 후 만주에서 생체 실험을 자행한 1급 전범자인 일본의 731부대와 100부대 관계자들을 사면하고 모든 생체 실험 자료를 넘겨받은 미국은 1971년에 아프리카 돼지 콜레라균을 쿠바에 살포해 돼지 50만 마리를 폐사시켰다고 한다. 이는 미국 정부의 도덕성에 대해 생각해볼 만한 일이다.

1976년에는 베네수엘라의 카라카스에서 쿠바로 출발하는 민항기가 폭발해 73명의 쿠바인이 사망했다. 범인은 루이스 포사다 카릴레스로 베네수엘라 정부에 체포되었으나 1985년 탈옥했다. 그는 2000년 파나마에서 열린 정상 회담에서 카스트로 암살을 기도한 테러리스트였다. 그는 미국으로 망명했다. 쿠바의 범인 신병 요구에도 미국은 그를 인도하지 않았다. 만일 반대로 미국의 민항기를 폭파한 범인이 쿠바에 망명했다면 미국은 어떠한 태도를 보였을까? 9·11테러 후 아프카니스탄 사례를 보면 알 것이다. 최고의 민주주의 국가임을 표방하는 미국의 이중성을 엿볼 수 있는 사건이다.

1989년 베를린 장벽이 무너지면서 다음 해 소련이 붕괴한다. 쿠바는 수입과 수출의 길이 모두 막히고 소련과 사회주의 나라에 의존하던 경제는 끝없이 추락했다. 이 기회를 노린 미국은 쿠바에 더욱 경제 봉쇄를 강화했다. 이유는 단 하나, 카스트로의 실각이다. 1992년에는 쿠바 민주화 법을 제정해 미국의 기업은 물론이고 미국으로부터 원조를 받고자 하는 나라의 기업까지 쿠바와 거래를 금지시켰다. 1993년 3월 허리케인의 급습으로 엄청난 피해가 발생해 국제 사회에 원조를 긴급히 요청했으나 미국은 인도적 차원의 원조도 못하게 했다. 1996년에는 쿠바 자유민주연대법을 제정해 부시가 말한 악의 축[40]에도 인도적 차원으로 제공되던 식료품과 의약품을 쿠바에 보내는 것을 전면 금지시켰다.

경제 혼란의 와중에도 1992년의 아바나 폭탄 테러와 1997년 바라데로의 호텔에서 폭탄 테러 등 CIA와 미국에 망명한 반카스트로 조직에 의한 쿠바 테러 행위는 셀 수 없이 많다. 그래서 쿠바 곳곳에는 '테러를 반대한다'는 슬로건이 붙여 있다. 미국은 자신의 이익에 조금만 반해도 전 세계에 위장 테러를 수 없이 행하거나 군사 쿠데타를 도모해 민주 정부를 전복시키고 친미 독재 정부를 세웠다. 게바라가 그 사실을 직접 목격했기에 반미주의로 나선 것이다. 미국의 끊임없는 군사 행위 결과 9·11테러가 부메랑으로 돌아온 것을 아는지 모르는지, 지금도 전 세계를 대상으로 명분 없는 군사 행위를 계속하고 있다.

미국은 자국의 이익을 위해, 좀더 정확히는 자국의 자본가들을 위해 1991년 학생 시위대를 학살한 중국에는 계속 경제 원조를 제공한다. 그러나 유혈적 억압 기록이 없는 쿠바는 지금도 여전히 봉쇄하는 이중 정책을 펴고 있다. 미국은 자신의 마음에 들지 않는 중남미의 좌익 정권을 모두 궤멸시켰지만 유독 쿠바는 존재할 수 있었다. 그 이유는 쿠바 인민의 단결 때문이다.

## 미국의 쿠바 조정법과
## '떠날 자는 모두 떠나라'

혁명에 성공하자 기득권을 잡고 있었던 수많은 상류층들은 대대적으로 쿠바를 탈출했다. 그 수는 1962년까지 20만 정도를 헤아렸다. 1963년 케네디는 탈출하는 쿠바인에게 특혜를 주는 쿠바 조종법을 만들었다. 이 법은 쿠바 출신 불법 이민자에 한해 1년 체류 후 영주권을 준다는 것이다. 미국 영주권을 따려고 오랫동안 숨어 지내고 있는 다른 나라 출신과 비교해보면 얼마나 이 법이 쿠바 불법 이민자에 대한 특혜인지 알 수 있다. 이 법은 쿠바 체재의 붕괴를 위해 인민의 불법 탈출을 조장하는 법이다.

사회주의를 표방한 쿠바에서 살고 싶은 마음이 없는 많은 수의 사람들이 탈출을 시도하자 카스트로는 1965년 9월에 마탄사스의 카마리오카Camarioca 항을 개방해 마음 놓고 떠날 수 있도록 했다. 11월까지 약 15만에 이르는 사람이 떠났고, 미국이 항공편을 제공하자 12월부터 1971년 10월까지 26만여 명이 쿠바를 떠났다.[41]

1983년 제작된 브라이언 드 팔마 감독의 영화 〈스카페이스〉는 북아메리카로 몰려드는 쿠바 난민을 소재로 하고 있다. 이 영화는 쿠바에서 탈출한 전과자가 마이애미 마약 범죄단에 들어가 보스를 살해하고 마약계의 대부가 된다는 이야기이다. 그러나 결국은 자신도 살해된다. 알 파치노가 주연한 이 영화의 초반 도입부에는 1980년 쿠바 서북부에 있는 마리엘 항구에서 벌어진 쿠바 사람들의 쿠바 탈출 장면과 함께 다음과 같은 자막이 흐른다.

1980년 5월, 카스트로는 마리엘 항을 개방했다. 표면상으로는 미국에 거주하는 쿠바인들의 가족 상봉 허가였다. 72시간 내에 3000척의 미국 선박이 쿠바로 향했다. 카스트로는 선주들에게 그들의 가족뿐만 아니라 쿠바의 인간 쓰레기들도 함께 싣고 가기를 강요했다. 플로리다에 상륙한 12만 5000명의 난민 중 2500명은 전과자였다.

이어서 다큐멘터리 화면이 흐른다. 카스트로는 말한다. "그들은 혁명 사상에 해가 되는 자들이다. 우리는 그들을 원치 않고 필요하지도 않다." 1980년 4월 쿠바 정부가 아바나에 있는 페루 대사관의 경비 병력을 철수시키자 만 명이 넘는 난민들이 대사관으로 밀려들었다. 그러자 카스트로는 갑자기 "떠날 자는 모두 떠나라"고 선언하면서 쿠바를 탈출하고 싶은 쿠바 인민들을 또 떠나게 했다. 그 시기가 1980년 4월 중순부터 10월 말까지였다. 이때 떠난 쿠바인의 수는 전체 인구의 1퍼센트를 상회하는 12만 5000명 정도였다.

혁명이 성공한 후 미국으로 망명한 쿠바의 기득권 세력들의 수는 1959년에서 1965년 사이에 50만 명에 달했다. 1980년에 떠난 12만 5000명 등 카스트로 정권 50년 동안 총 100만여 명의 쿠바인이 해외로 망명했다. 여기에는 전과자를 포함한 하층민도 많았다. 미국은 하층민은 달가워하지 않았다. 쿠바의 고급 인력에게는 좋은 조건으로 일자리를 제공했지만 말이다. 카스트로는 미국이 계속 망명을 부추길 경우 무제한으로 쿠바인을 미국으로 보내겠다고 하자 클린턴은 어쩔 수 없이 이민 협정을 체결해 불법 이민을 금지한다.

미국에게는 많은 사람들의 쿠바 탈출이 쿠바의 사회주의 체제를 정치적으로 폄하할 수 있는 아주 좋은 기회였다. 하지만 카스트로는 자신 있게 '떠날 자는 붙잡지 않는다. 떠나라'고 한 것이다. 미국의 쿠바 조정법은 많은 쿠바 사람들로 하여금 목숨 걸고 플로리다 해협을 건너게 했다. 그 결과 엘리안 사건이 발생했다.

1999년 11월 쿠바를 탈출하기 위해 고무 보트를 타고 플로리다 해협을 건너던 중 어머니는 바다에 빠져 죽고 여섯 살 어린 아들 엘리안 곤잘레스는 어부에 의해 구조돼 마이애미에 있던 친척에게 넘겨졌다. 쿠바에 살고 있는 아버지는 엘리안을 돌려달라고 미국에 요청했으나 거부당했다. 그러나 미국 법원은 엘리안을 아버지에게 돌아가도록 결정했다. 그러자 미연방 특공대가 엘리안을 보호하고 있는 친척으로부터 강제로 뺏어다 아버지에게 데려다 주었다. 이 사건은 2000년 대통령 선거에서 입장을 번복해 엘리안 송환을 반대한 고어가 패배하고 부시가 승리하는 데 일조했다. 이와 같은 사건의 배경에는 쿠바 조정

법이 있었다. 이 법은 많은 쿠바인으로 하여금 카리브 해를 건너도록 조장했고 그 결과 많은 쿠바 사람이 바다에 수장됐다.

쿠바 사람들이 불법으로 탈출하는 이유는 이들이 해외여행이 자유롭지 못하기 때문이다. 그러나 개혁 개방 조치를 추진해온 쿠바 정부는 2013년 1월부터 자국민의 해외여행 규제를 폐지하기로 했다고 한다. 해외 체류 기간도 2년으로 연장한다니 이제 자신감이 생겼나 보다. 같은 공산주의 국가인 북한엔 아직도 여행의 자유가 없으니 왜 이렇게 차이가 나는지 안타까울 뿐이다. 한 나라는 오직 죽은 자만 숭배할 수 있고, 다른 한 나라는 살아 있는 자를 숭배해 그 결과 공화국이 아닌 왕조를 이루어서라고 해석하면 무리일까?

헤밍웨이 쿠바의 유산이 되다

이튿날 쿠바의 정 선생과 김 교수 부부를 다시 만났다. 김 교수 부부는 자전거를 타지 않고 따로 여행을 다녔다. 김 교수의 안내로 아바나 비혜야 거리를 여기저기 다녔다. 우리가 간 사이 그들은 이곳을 많이 다녔나 보다. 올드 아바나라고 하는 아바나 비헤야 거리는 옛 모습을 그대로 유지하고 있어 거리 곳곳이 마치 박물관 같았다. 여기에는 에밀리오 로이구 데 레우치센링그 박사가 기여한 바가 크다. 그는 혁명이 일어나기 전인 1938년에 구시가의 보존과 복원을 제안하고 역사관 사무소를 창설했다. 혁명이 일어난 후 구시가의 복원이 본격적으로 시작됐다. 그가 사망한 후에는 에우세비오 레알 박사가 그의 유지를 잇고 있다. 1993년 10월 국가평의회가 아바나 비헤야를 최우선 보전 지구로 지정하면서 아바나 비헤야는 오늘날 쿠바 관광의 메카가 됐다.

대부분의 건물들이 스페인 시절 지어진 것으로 지금도 한창 보수가 진행 중이다. 오비스포Obispo 거리를 따라 메르카데레스Mercaderes 거리와 만나는 곳에 있는 암보스 문도스 호텔로 갔다. 호텔 511호에는 예전 헤밍웨이가 사용하던 그대로 아주 조촐하게 방이 꾸며져 있었다. 옥상에 올라가니 벽에는 천사와 악마들의 다양한 모습이 조각되어 있었다. 식음료를 즐길 수 있는 카페가 있고 멀리 바다까지 보이는 전경이 펼쳐져 있었다.

헤밍웨이가 단골로 다녔던 카페 엘 플로리디타El Floridita는 술집 겸 레스토랑으로 오비스포 거리와 베란자Bernaza 거리가 만나는 모퉁이에 있다. 헤밍웨이가 《만류 속의 섬들》에서 주인공이 비극적인 차 사고로 두 아들을 잃은 슬픔에 젖어드는 배경으로 이 술집을 소개해 유명해졌다. 술집 한쪽 구석에는 그가 앉았던 의자를 '성 에르네스토'를 위한 사당으로 마련했다. 관광객은 여기서 헤밍웨이를 회상하며

●

옥상에 올라가니 벽에는 천사와 악마들의
다양한 모습이 조각되어 있었다. 식음료를 즐길 수 있는 카페가 있고
멀리 바다까지 보이는 전경이 펼쳐져 있었다.

암문도스 호텔
옥상 풍경. 벽면의 부조 장식이
마치 우리를 반겨주는 듯했다.

그가 즐겨 마셨던 더블 다이퀴리인 파파 도블레를 마실 수 있다. 다이퀴리라는 이름은 산티아고 데 쿠바 인근에 있는 다이퀴리 광산에서 유래했다고 한다. 지금 쿠바 외화 획득의 일등 공신이 관광과 광업인데, 이 두 사업이 묘하게 조화를 이루었다. 또한 헤밍웨이의 연인이었던 제인 메이슨이 직접 새치 두 마리 잡은 것을 축하하는 파티가 열리는 이 술집으로 남편 몰래 나오려고 하다가 창문에서 떨어져 다치기도 했다. 당시 그녀는 헤밍웨이 친구의 부인으로 그와 바람을 피우다 남편한테 들켰다.

헤밍웨이는 1899년에 미국 일리노이스 주 시카고 교외에서 출생했다. 그의 주 활동 무대는 미국 플로리다 주의 키웨스트와 쿠바의 아바나였다. 이 두 곳은 플로리다 해협을 사이에 두고 마주 보고 있다. 그는 쿠바에서의 경험을 바탕으로 《노인과 바다》를 완성한다. 이 소설로 그는 1953년에 퓰리처상과 1954년에 노벨 문학상을 수상했다.

헤밍웨이는 1928년 처음으로 쿠바에 가 아바나에 이틀간 머물렀고, 1932년 여름 참치의 일종인 새치 무리를 좇아 키웨스트에서 다시 쿠바를 방문했다. 이 낚시 여행으로 그는 쿠바와 인연을 맺는다. 이 당시는 헤라르도 마차도 장군이 쿠바의 대통령이던 시절로 자신에게 저항하는 자를 암살하기 위한 살인 부대를 조직해 학생뿐 아니라 의심가는 미국인도 탄압하던 시절이었다.

1933년 8월 헤밍웨이는 가족[42]과 함께 스페인으로 가기 위해 아바나에 있는 암보스 문도스 호텔의 511호에 사흘간 머문다. 그는 1932년부터 1939년까지 아바나를 방문하는 동안에도 이 방을 이용했다.

암보스 문도스 호텔은 샌프란시스코 부두에서 2킬로미터 정도 떨어져 있고 구시가지인 아바나 비헤야 중심부인 오비스포와 메르카데레스 거리가 만나는 모퉁이에 있다. 이 호텔은 1920년에 지어진 5층 건물로 최초로 유네스코의 원조를 받아 복구되어 현재에 이른다. 이 호텔의 511호는 지금도 헤밍웨이가 사용하던 그 모습 그대로 전시되어 있으며 당시 숙박 요금과 같은 2달러의 입장료를 받고 있다.

1933년 여름 헤밍웨이는 모로 요새 바로 아래의 카사블랑카 선창에서 새치 전문가인 항해사 호에탄 카를로스 구티에레즈를 만나 그를 고용했다. 헤밍웨이는 후에 그를 친근하게 돈 카를로스라고 불렀다. 구티에레즈는 헤밍웨이에게 새치 잡는 법을 알려주었다. 헤밍웨이는 1933년부터 친구의 아내인 제인 메이슨과 5년 동안 열렬한 사랑에 빠졌다. 그녀가 1938년에 자기 배를 맡기려 구티에레즈를 데려가자 헤밍웨이는 그레고리오 후엔테스를 고용했다. 그가 바로 《노인과 바다》 주인공의 모델이 된다. 소설의 배경은 현재 쿠바군 기지로 사용되고 있는 어촌 마을 코히마르Cojimar로 헤밍웨이가 거주했던 핑카 비히아Finca Vigia 농장에서 15킬로미터 쯤 떨어져 있다. 이곳에 있는 라 테라자 식당은 소설의 주인공 산티아고가 물고기의 잔해를 갖고 들어온 곳이다.

헤밍웨이는 아내 폴린과 이혼하기 3년 전부터 이미 작가인 마르타 겔호른과 사귀고 있었다. 그녀가 1939년 4월 아바나에서 스페인 내전에 대해 쓰고 있는 헤밍웨이와 만났고, 11월 둘은 결혼한다. 다음 해에 암보스 문도스 호텔에서 집필한 소설 《누구를 위해 종을 울리나》를 출간했다. 헤밍웨이는 이 책을 마르타에게 바쳤고,[43] 이 책의 인세

●

암보스 문도스 호텔은 샌프란시스코 부두에서 2킬로미터 정도 떨어져 있고
구시가지인 아바나 비헤야 중심부인 오비스포와 메르가데레스 거리가 만나는 모퉁이에 있다.
이 호텔은 1920년에 지어진 5층 건물로 최초로 유네스코의 원조를 받아 복구되어 현재에 이른다.

암보스 문도스 호텔 511호의
헤밍웨이가 쓰던 침대.

로 아바나 교외에 있는 핑카 비히아 농장[44]을 구입해 이후 20년 동안 체류했다. 그는 자신의 농장에 있는 망고를 따려고 돌을 던지는 농장 주변 아이들을 데리고 야구팀 지지 올 스타스Gigi All Stars을 만들어 야구시합을 했다.

제2차 세계대전 중인 1942년 헤밍웨이는 자신의 어선 필라 호를 정찰선으로 개조해 미국을 위해 독일 잠수함의 활동 정보를 수집했다. 아바나의 독일 스파이들의 활동을 감시하기 위해 자신의 쿠바 인맥을 기반으로 민간 방첩 부대를 결성하는 계획을 세워 미국의 승인을 받는다. 일명 크룩 팩토리Crook Factory라는 작전이었다. 헤밍웨이는 미국 대사관으로부터 그의 개인 서명과 보증으로 값비싼 무전기를 공급받아, 독일 잠수함의 위치를 해군에 전달했으나 신뢰받지 못했다.

헤밍웨이는 유럽 전쟁 취재를 위해 아내 마르타와 함께 1944년 쿠바를 떠났다. 그는 런던에 도착해 신문 기자 메리 웰시를 만나 첫눈에 반해 청혼했다. 전쟁이 끝날 무렵 그녀는 남편과 이혼하기로 하고 쿠바 핑카 농장으로 와 1946년 3월 아바나에서 헤밍웨이와 결혼해 그의 네 번째 부인이자 마지막 부인이 된다. 나팔관 임신으로 죽을뻔한 메리를 헤밍웨이가 의사를 다그쳐 수술하게 해 살렸다고 한다.[45] 그러나 그녀는 더 이상 임신할 수 없어 아이가 없는 유일한 아내가 되었다.

1954년 쿠바인으로 노벨 문학상을 받은 그는 TV 인터뷰를 통해 "저

1959년 헤밍웨이가 주최한 낚시 대회에서 만난 ●
피델 카스트로와 헤밍웨이.
이 대회에서 카스트로는 1위를 차지했다.

는 이 상을 받은 최초의 입양 쿠바인이라서 매우 행복하다"고 말했으며, 부상으로 따라온 커다란 금메달을 산티아고 데 쿠바 성당에 안치된 쿠바 수호 성인 비르헨 델 코브레에 바쳤다. 이 메달은 현재 산티아고 코브레 성당의 성모상 아래 있다고 한다.

1961년 7월 62세의 헤밍웨이는 미국 아이다호 주 케첨Ketchum에서 권총을 입에 문 채 자살했다. 같은 해 아내 메리는 핑카 비히아 농장의 모든 것을 쿠바 정부에 헌납했다. 1992년 11월 공식 기념식을 위해 헤밍웨이 집안 사람과 헤밍웨이 학자 대표단이 쿠바로 갔을 때 카스트로도 참석해 즉흥 연설을 했다. 바티스타 정권의 잔인함을 체험한 헤밍웨이는 그를 몰아낸 카스트로를 지지했다. 그 둘은 1959년 낚시 대회에서 단 한 번 만났을 뿐이었다. 우승 트로피를 수여하기로 한 카스트로가 자신도 대회에 참가하겠다고 하고 가장 커다란 청새치를 잡아 결국 헤밍웨이가 그에게 우승 트로피를 수여했다. 카스트로는 다음과 같이 헤밍웨이에 대해 말했다.[46]

헤밍웨이가 한 많은 일에 대해 정말 감사를 표합니다. 먼저 이 위대한 작가는 우리나라를 선택해 살면서 몇몇 주요 작품을 써 우리에게 영광을 안겨주었습니다. 또한 그의 책을 읽는 크나큰 즐거움을 준 점에 대해서도 감사를 느낍니다. 그는 지금까지 살았던 가장 위대한 작가 중의 한 사람입니다. …… 나는 헤밍웨이를 읽으면서 역사를 배웠습니다. 《무기여 잘 있거라》는 역사입니다. 《누구를 위해 좋은 울리나》도 역사입니다. 나는 헤밍웨이로부터 많은 것을 배웠습니다.

## 민족일보 사장 조용수를
## 되살린 아바나

　쿠바에서 보내는 마지막 날에는 시내 관광 버스를 타고 나섰다. 바람이 세차게 불어 파도가 무척 셌다. 말레콘 방파제와 멀리 떨어져 있음에도 버스 위에 앉아 있는 우리에게까지 물방울이 날아왔다. 말레콘은 약 8킬로미터 정도의 해안 방조제를 낀 해안 도로이다. 이 방조제는 넘치는 파도를 막기 위해 미국이 지배하던 1901년에 세워졌다. 이 방파제를 따라 수많은 젊은이들이 음악을 연주하고 춤을 추고 데이트를 한다.

　네크로폴리스 콜론Necropolis Colon에 도착했다. 세계에서 가장 큰 공동묘지다. 말이 공동묘지이지 돌로 된 조각상이 너무 많아 광활한 조각 공원을 연상케 한다. 묘지 가운데 길을 따라 가면 돔 형식의 성당이 나온다. 우리가 갔을 때, 막 장례식이 끝났는지 관을 메고 나오는 일행을 볼 수 있었다. 묘역에 있는 조각상들은 죽은 사람들이 얼마나 부자였는지 보여주는 것 같다.

1962년 1월 쿠바 아바나에서는 전 세계 48개국 신문편집자를 대표하는 국제신문인협회The International Press Institute의 국제회의가 있었다. 이 자리에서 한국의 민족일보 사장 조용수에게 만장일치로 국제기자상을 추서하면서 죽은 조용수의 명예를 되살렸다.

조용수는 진보 성향의 민족일보를 창간한 언론인이다. 그는 평화 통일을 주장하다 공산주의자로 몰려 당시 군사 반란으로 정권을 잡았던 박정희에 의해 죽임을 당했다. 군사 정권은 1961년 12월 21일 오후 4시경 가족에게 알리지도 않고 사형을 집행한 후(당시 31세) 다음 날 가족에게 시신을 인계했다. 일제 강점기에도 없던 언론인에 대한 사형 집행이었다.

국내 언론에서는 거의 언급되지 못했지만 일본을 비롯한 해외의 양심은 '언론의 자유를 사형으로 탄압하는 행위'라고 거세게 박정희 군사 정권을 비난했다. 군사 정권은 조용수의 장례식도 제대로 치르지 못하게 해 공식 추도식은 그 다음 해 4월 30일 국내가 아닌 일본에서 할 수 있었다.

이 사건은 군사 반란으로 정권을 잡았지만 미국으로부터 사상을 의심받고 있던 박정희가 군사 반란의 정체성이 반공이라는 사실을 미국에 보여주기 위해 꾸민 것이었다. 일제 강점기 시절 일본군 장교였던 박정희는 해방 후 남로당에 가입하는 등 공산주의자가 되었던 전력이 있다. 그가 정권을 잡자 의심의 눈초리로 보던 미국을 안심시키려고 진보 성향의 민족일보를 탄압하고 사장인 조용수를 용공 좌익의 누명을 씌워 사형시킨 것이다.

네크로폴리스 콜론에 도착했다. 세계에서 가장 큰 공동묘지다.
말이 공동묘지이지 돌로 된 조각상이 너무 많아 광활한 조각 공원을 연상케 한다.
묘지 가운데 길을 따라 가면 돔 형식의 성당이 나온다.

조각 전시장을 방불케 하는
네크로폴리스 콜론의 내부. 세계에서 가장 큰
공동묘지로 꼽히는 이곳은 약 200만 개가량의 무덤이 있다.

이 사건은 당시 판사로 재판에 함께한 이회창이 1997년 2월 정치권에 입문하면서 가진 기자회견에서 이 사건에 회한을 표하면서 사형 집행 후 처음으로 언론의 조명을 받았다. 그리고 5년 후 한나라당 총재였던 이회창이 대통령 후보로 나서기 직전 이 사건은 또 다시 논란이 되었다. 그러나 이회창은 끝내 공개 사과는 하지 않았다. 그래서인지는 몰라도 그는 당선이 매우 낙관적이었던 두 번의 대통령 선거에서 모두 패했다.

조용수는 2008년 1월 16일 재심에서 무죄를 선고받았다.

## 지속가능한 최고의 나라 쿠바

혁명 이후 쿠바는 소련의 전폭적인 원조를 받았다. 이에 힘입어 생활의 모든 부분에서 남미 최고 수준의 삶을 실현했다. 1989년 유엔 개발 계획UNDP의 생활 수준 지표에 따르면 남미에서 1위 그리고 세계에서 11위로 미국을 앞질렀다. 평균 수명은 78세로 미국보다 높고, 100개국 이상의 가난한 개발 도상국을 지원했다. 아프리카 등 해외로 많은 의사를 파견하고 체르노빌 원전으로 피해를 입은 수만 명의 어린이를 데리고 와 치료해주었다. 카스트로는 돈에 특별히 구애받지 않고 사회적 격차가 적고 특권 계급 없는 평등 사회를 구축했다.

앞서 말했듯이 1989년 베를린 장벽이 무너지고 소련이 붕괴하면서 쿠바는 수입과 수출에 심각한 타격을 입는다. 게다가 미국은 기회를 잡은 듯 쿠바에 대한 경제 봉쇄를 더욱 강화했다. 1992년에는 쿠바 민주화 법을 제정해 미국의 원조를 원하거나 받고 있는 국가는 쿠바와 거래할 수 없게 했다. 1996년에는 쿠바 자유민주연대법을 제정해 이란이나 북한에도 공급되는 인도적인 차원의 식료품과 의약품마저도 쿠바에 보급하는 것을 금지시켰다.

1980년대 쿠바는 면적당 농약 사용량이 남미는 물론 세계에서도 매우 많은 나라였다. 그 이유는 마르티의 경고에도 무시하고 소련의 지원을 바탕으로 화학 비료를 사용하는 근대 농업을 전개하면서 사탕수수와 같은 수출 지향의 대량 단일 작물을 재배했기 때문이다. 이러한 소련의 원조에 기초한 경제는 1991년 소련과 동유럽 사회주의권 몰락과 미국의 경제 봉쇄로 화학 비료와 농약 그리고 화학 합성물질이 절대적으로 부족해져 극심한 식량 위기를 초래했다. 특히 대도시인 아바나의 피해는 치명적이었다. 1991년 카스트로는 평화 시의 국가 비상 사태를 선언하고 농정의 대전환을 꾀했다. 거의 모든 수입이 끊어진 상태에서 할 수 있는 일은 자급자족뿐이었다.

경제 위기 전에는 UN 권장 치보다도 더 높은 영양 개선 운동을 벌여 채소를 멀리하고 고기를 먹는 식생활을 했다. 그러나 카스트로는 비상 선언을 하면서 자신이 앞장 서 채식주의자가 되었다. 잘못하면 수많은 아사자를 낼 수밖에 없는 상황에서 선택한 비상 수단은 육식 문화에서 채식 문화로 바꾸고 도시에서 놀고 있는 빈 땅을 경작하는 것이다. 이른바 도시 농업의 시초이다.

도시 농업 운동은 굶주릴 위기에 놓인 시민들의 자발적 참여로 시작됐다. 정부가 시민들에게 국유지를 임대해주자 도시 농업 동호회들이 생기기 시작했다. 토지는 혁명 이전부터 갖고 있던 소규모의 개인 소유 토지는 계속 사유지로 인정했지만 대지주가 갖고 있던 것은 국유화해 전 국토의 80퍼센트 정도가 국유지였다. 사유지는 소유자의 권리가 적은 대신 토지와 주택에 대한 세금이 전혀 없다. '토지는 활용할 사람이 사용하면 좋은 일'이라 하여 소유주에게 우선권을 주지만 자신이 사용하지 않으면 경작을 원하는 사람에게 넘겨진다.

쿠바는 경제 위기가 한창일 때 호주의 NGO를 통해 퍼머컬쳐 perma-culture 운동을 도입했다. 이 운동은 호주의 빌 모리슨과 데이비드 홈그렌이 좁은 공간에서 식량을 생산하기 위해 생각해낸 것으로 지속가능한 사회 체제를 지향한다. 재활용 제품과 폐기물을 활용해 좁은 옥상에 순환형 식육 생산 공장을 세웠다.[47]

또한 흙을 사용할 수 없는 공간에는 오가노포니코organoponicos를 설치해 작물을 생산하면서 흙의 유실을 막았다. 오가노포니코는 콘크리트 벽돌이나 돌 그리고 베니어합판과 금속 조각으로 둘레를 막고 퇴비를 섞은 흙을 넣은 모종판에 집약적으로 채소를 재배하는 생산 기술이다.[48]

1992년 리우 환경회의에서 쿠바는 지속가능한 개발의 실천 평가에서 A⁺를 받았다. 카스트로는 "인간의 삶을 좀더 합리적으로 만들자. 정의로운 국제 경제 질서를 만들자. 모든 과학 지식을 환경 오염이 아닌 지속가능한 발전을 위해 동원하자. 생태계에 진 빚은 갚되 사람들과는 싸우지 말자"고 연설했고[49] 헌법에 리우 환경회의 규정을 삽입했다.

쿠바는 각 주와 도의 중심에서 5킬로미터 이내 그리고 시의 중심에서 3킬로미터 이내에서 이뤄지는 도시 농업에 사활을 걸었다. 빈 땅에서는 유기농으로 농산물 생산했다. 1996년부터는 안전성 확보를 위해 모든 도시에서 농약과 화학 비료 사용을 금지했고 정부는 지속가능한 유기 농법을 개발했다. 농사에 관한 기술 보급소를 곳곳에 만들었으며 농민 시장을 개설해 인민들에게 물자와 돈에 의한 동기를 주고 농가의 생산 의욕을 자극했다.

쿠바 정부는 국내 생산과 경합하는 염가의 작물 수입을 제한하고 국내에서 부족한 작물만을 수입해 전체 농업을 보호하고 도시 농업을 발전시켰다. 쿠바에서는 시장보다 존엄한 것이 인간이고 자유 시장보다 더 중요한 것이 인간의 생존권이었다.

쿠바는 "수목 없는 땅은 빈곤하다. 숲이 없는 도시는 병들게 되고, 수목이 없으면 대지는 말라버려 빈약한 과실밖에 열리지 않는다"는 독립 영웅 마르티의 말을 기억하며 전 국토의 산림녹화에도 힘썼다. 스페인 식민 시절에 전 산림의 50퍼센트가 손실됐고 미국이 지배하던 시절에는 산림이 다시 14퍼센트로 줄었다. 1959년 삼림 재생법을 제정해 산림의 녹화에 힘쓴 결과 전 세계에서 유독 쿠바의 산림만 그 면적이 증가했다.

경제 위기가 발생하기 전 소련의 지원으로 건설되던 원자력 발전소의 건설이 무산되고 충분한 석유가 수입되지 못하면서 쿠바는 심각한 에너지 부족에도 직면했다. 이에 대응해 바이오매스나 소규모 수력 그리고 태양력이나 풍력 등 자연 에너지 개발에 힘을 쏟았다. 태양 전지의 기술과 시장을 다국적 석유 기업들이 독점하고 있어 태양열 에너지를 발전시키는 데 심각한 장애를 초래하자 독자적으로 기술을 개발하고 제조했다. 재생가능한 대안 에너지인 태양열 에너지를 자본주의와 제국주의에 대항하는 인민을 위한 무기로 생각한 카스트로는 다음과 같이 말했다.[50]

우리는 항공공학도 석유화학도 연구하지 않는다. 그런 연구는 우리들에게 의미가 없다. 우리는 석유 소비를 삭감하는 연구, 수입에 의존하는 자원의 대체 자원을 찾는 연구, 우리의 생존을 위해 건강을 보호하고 식량을 증산하며 국민과 경제에 보탬이 되는 연구만을 하려는 것이다.

교통은 자전거나 마차를 이용했다. 거의 자동차에 의존했던 쿠바는 경제 위기가 닥친 후 중국에서 100만 대가 넘는 자전거를 수입해 해결하려 했다. 1994년 세계은행은 "동력이 필요 없는 이동 수단을 도입함으로써 교통 시스템을 석유 문명으로부터 끊어버린 쿠바의 시도는 세계 교통 역사상 선례가 없는 일이다"라고 보고했을 정도다.[51]

이러한 지속가능한 도시가 가능하게 된 데는 시민들의 적극적인 참여 덕분이었다. 우리의 비정부기구NGO에 해당하는 이웃공동체NPO가 경제 위기 후 폭발적으로 성장했다. 나라에 기대기 어려운 상황에서 지역 문제 해결을 위한 자치 조직에 시민의 기대가 높아졌기 때문이다. 정부 역시 공식적인 해외 원조가 힘든 상황에 해외 NGO의 원조를 기대했다.

이웃공동체에는 정부 기관 이상으로 주민들이 많이 참여했고 해외와의 협력도 많았다. 종래 하향식이었던 체제에서 상향식 구조의 이웃공동체도 다수 생겼다. 특히 해외 NGO의 원조는 쿠바 내 이웃공동체의 독립에 크게 기여했다. 이웃공동체는 재난 발생에도 효과적으로 대처해 많은 피해를 줄였다. 1995년에서 2006년 사이 불어온 강력한 허리케인에 연평균 3명 정도 사망했을 뿐이다. 미국은 2005년 허리케인 카트리나에 의해 행불자 포함 2500명이 사망했다. 쿠바는 UN이 선정한 방재의 모델 국가가 됐는데 그것은 주민의 자발적 대피와 그것을 지원하는 정부의 방재 체제의 힘이다.

경제 위기를 극복한 쿠바는 이제는 세계적인 유기 농업의 메카가 되었다. 세계자연보호기금WWF은 지구상에서 지속가능한 개발의 조건을 충족시키는 유일한 나라로 쿠바를 선정했다. 1987년 UN의 환경과 개발에 관한 세계위원회WCED가 석유의 문명에서 벗어난 '지속가능한 발전Sustainable Development' 의제를 공식적으로 제기한 이래 쿠바는 세계에서 으뜸가는 지속가능한 최고의 국가가 되었다. 사회주의권의 몰락과 미국의 경제 봉쇄는 쿠바에게 석유가 없어도 지속적으로 발전할 수 있는 선물을 준 것이다.

쿠바는 높은 수준의 과학 연구진과 사회적 실천 경험을 가진 행동가가 힘을 한데 합치는 등의 사회적 연대와 전통적 지식의 활용으로 경제 위기를 극복할 수 있었다. 쿠바는 인민의 평등과 연대 그리고 인간의 존엄성을 중시했다. 그러나 멕시코의 경우는 미국이 주도하는 국제통화기금과 세계은행이 요구한 비인간적인 민영화, 규제 완화, 긴축 재정, 통화 절화와 같은 구조 조정 요구를 받아들였다. 그 결과 멕시코의 농업은 괴멸되고 사회의 양극화가 심화돼 1995년 1월 사파티스타 민족 해방군이 치아파스 주에서 무장봉기했다.

쿠바의 교육과 의료 제도
—또 하나의 혁명

쿠바에는 다른 개발 도상국들과 달리 어린이가 생계를 위해 일하는 비참한 경우는 없다. 비록 시설은 형편없을지라도 쿠바에서는 선진국 이상의 교육이 이루어지고 있으며 교육받을 권리는 기본 인권으로 헌법에도 명시되어 있다. 중학교까지 의무 교육이지만 원하면 유치원부터 박사 과정에 이르기까지 모두 무상 교육이다. 물론 기숙사도 무료이다.

혁명 전에 교육 환경은 매우 열악했다. 중산 계급 이상의 자녀들만 학교에 다닐 수 있어서 문맹률이 매우 높았다. 미국의 지배를 당한 것도 인민들이 무식하기 때문이라고 생각한 카스트로는 문맹 퇴치 운동을 벌인다. "만약 아는 것이 있다면 가르치고, 아는 것이 없다면 공부하자"며 교사는 물론 자원 학생을 교사로 동원해 전국의 농촌이나 산촌에서 인민을 가르쳤다. 오지 구석구석에도 학교를 세웠다. 심지어 성인 교육이나 평생 교육 그리고 장애인 교육까지 모두 무료다. 그 결과 현재 문맹률은 거의 0퍼센트에 가깝다.

혁명 초기에는 문맹을 퇴치하는 운동이었으나 그 이후에는 소련식의 교조주의 사상을 교육했다. 그러나 1990년대 심각한 경제 위기가 닥치면서 마르티 사상을 교육에 불어넣고 어려움 속에서도 교육에 대한 투자를 그대로 유지했다. 이와 같이 인재 육성에 힘쓴 결과 많은 과학자를 배출했다. 이 연구진들은 경제 위기가 닥쳤을 때 도시 농업을 튼튼하게 받쳐준 원동력이 되었다. 지금은 재생가능한 에너지와 환경에 대한 교육을 전면 실시하고 있다.

쿠바의 유아 사망률은 미국보다 낮다. 그 이유는 선진국 수준의 첨단 기술을 갖추고 있기 때문이다. 게다가 전면 유급 출산 휴가가 보장되고 있다. 출산 전 6주 그리고 출산 후 12주는 100퍼센트 급여를 지급하는 육아휴가가 보장되어 있다. 또한 추가로 40주를 사용할 수 있으며 이 경우 60퍼센트의 급여가 지급된다. 쿠바 헌법에는 "인민은 무료로 치료를 받고 건강을 누릴 특권을 갖는다", "어린이들과 여성의 건강을 특별히 우선한다"고 명시되어 있다. 이러한 정책은 미국조차 시행하기 어려운 것이다. 1인당 GNP는 미국의 14분의 1 수준이나 치료나 복지는 미국보다 훨씬 앞서 있다고 국제연합아동기금UNISEF은 평가하고 있다.[52]

쿠바의 보건 시스템은 치료의 종류와 관계없이 모든 주민에게 무상으로 보건 의료 서비스를 제공한다. 또한 보건이라는 하나의 개념으로 초기 진단이나 질병 치료와 더불어 예방 및 건강 관리를 한다. 이러한 보건 의료의 계획, 행정, 집행에 민중들은 참여할 수 있다.

쿠바는 심각한 경제 상황에서도 기존 의료·복지 정책은 계속 유지했다. 세계보건기구WHO는 1993년 쿠바를 세계 최초로 소아마비 바이러스가 근절된 나라로 평가했다. 미국의 경제 봉쇄로 수입할 수 없는 의약품은 허브로 대체하는 등 대안 의료와 동양 의학을 보급하는 방식으로 해결하고 있다.

의료 정책을 치료에서 예방으로 전환해 모든 인민은 매년 1회 반드시 검사를 받아야 한다. 의사의 반 정도가 가정의로 일정한 수의 주민 건강을 책임진다. 가정의는 주민과 가까이 지내며 예방 의료를 전개하고 주민이 병원에 오지 못하면 의사가 직접 찾아간다. 의사가 되기 위해서는 반드시 3년간 가정의로서 인턴 경험을 쌓아야 한다.

쿠바는 의료를 하나의 외교로 발전시켰다. 전 세계 70여 개발 도상국에 의료진을 파견하고 수많은 의료 인력을 배출했다. 정부는 의료 서비스 파견료를 받고 있고 현재 무역 수입의 50퍼센트 이상을 의료 분야에서 얻고 있다. 지금 경제를 실질적으로 유지하고 있는 것은 의료를 필두로 하는 서비스 수출로 의사는 중요한 전략 수출품인 셈이다. 1999년에는 세계에서 가장 큰 라틴아메리카 의과 대학ELAM을 창설해 개발 도상국의 청년들은 물론 미국의 저소득층 학생들도 무료로 교육받을 수 있게 하고 있다. 단 졸업하면 자기 나라의 무의촌에서 의료 봉사 활동을 해야 한다는 조건이 있다.

2005년부터는 관타나모에서 중남미에 사는 시각 장애인을 쿠바로 불러 무료로 시술하는 사업을 벌이고 있다. 베네수엘라가 자금을 대고 쿠바가 병원과 의료진, 그리고 환자와 보호자의 숙식을 제공한다. 이 때문에 관타나모의 일급 호텔인 관타나모 호텔이 문을 닫고 환자와 보호자의 숙식을 전담하고 있다. 450만 명을 목표로 하고 있는 이 사업은 2005년에만 시각장애인 10만 명에게 빛을 주었다고 한다.[53]

쿠바는 어려운 환경 속에서도 사회주의 원칙에 입각해 기초적인 사회 복지를 무시하지 않았다. 기초 생활 물자는 염가에 공급해 가난한 자를 보호하고 의료와 교육도 그대로 무상으로 유지했다.

그러나 쿠바는 아직 해결해야 할 문제가 많다. 2008년 급습한 허리케인으로 주택과 생필품이 매우 부족하다. 비록 시의원이나 국회의원은 직접 선출할 수 있으나 인민의 정치 참여는 어렵다. 싼 임금과 이중 통화 체제도 쿠바의 근간인 평등에 심각한 장애를 줄 수 있다.

자본주의 신봉자 미국의 간섭에서 벗어나 자주적으로 나라를 운영하는 쿠바는 분명 전 세계의 모범이 될 만하다. 쿠바는 그동안 금지했던 자영업을 2010년에 허용했다. 2011년에는 개인이 은행에서 대출받을 수 있게 했고 이어 개인의 자동차나 주택 매매를 허용하면서 사유 재산을 인정했다. 2013년 12월에는 자동차 수입을 허용해 50년 만에 쿠바 사람들은 새로운 차를 타게 되었다. 또한 만델라 공식 추도식에서 오바마 미국 대통령과 라울 카스트로 쿠바 국가평의회 의장이 50년 만에 만나 두 나라 사이의 관계 개선에 희망을 던져주고 있다.

이제는 쿠바도 자본주의를 받아들이고 있지만 자본주의의 심각한 폐해를 사회주의에 입각해 충분히 줄여나가는 정책이 성공하길 바란다. 그래서 경제적으로는 아주 잘 살지는 못하지만 인간과 생명을 존중하며 평화롭게 사는 나라가 되길 희망하며 게바라가 쿠바를 떠날 때 했던 말을 되새긴다.[54]

쿠바를 떠날 때
누가 나에게 이렇게 말했다
당신은 씨를 뿌리고도
열매를 따 먹을 줄 모르는
바보 같은 혁명가라고

내가 웃으며 그에게 말했다
그 열매는 이미 내 것이 아니며
난 아직 씨를 뿌려야 할 곳들이 많다
그래서 나는 더욱 행복한 혁명가라고

## 압수된 GPS를 찾아 아래로 위로

쿠바를 떠나야 할 날 전날. 예약한 밴이 새벽 4시 30분에 각 숙소를 다니며 우리를 태우고 호세 마르티 공항으로 향했다. 고맙게도 정 선생이 나와주었다. 공항에 도착하자 나의 관심은 온통 압수당한 GPS를 찾는 데 있었다. 왜냐하면 보관증을 분실했기 때문이다. 압수당했다는 우울한 기분에 보관증을 잘 챙기지 않았더니 어디에 떨어뜨렸는지 찾질 못했다.

정 선생과 함께 안내소에 가서 사정을 말하고 문의했더니 일단 통관한 후에 찾을 수 있다고 했다. 세관원이 드나드는 입구에서 정 선생은 세관원에게 지속적으로 사정을 설명했더니 일단 들어오면 찾을 수 있을거라고 말했단다. 나는 이 상황을 스페인어로 적어달라고 한 후 정 선생과 헤어지고 일단 검색대를 통과했다. 한 세관원에게 쪽지를 보여주었더니 그는 어디론가 전화하며 잠시 기다리라고 했다. 조금 전 입구에서 만났던 전형적인 물라토인 키 큰 여자 세관원이 왔다.

그녀를 따라 갔다. 바로 옆에 있는 문으로 들어서자 아래층으로 내려가는 입구에서 또 한 번 비행기 표를 보여주고 내려갔다. 내려가는 길은 어두웠다. 아래층에 도착하니 눈에 익은 장소였다. 바로 우리가 도착해서 나왔던 곳이었다. 여기에서 또 한 번 비행기 표를 확인했다. 동쪽으로 들어왔는지 서쪽으로 들어왔는지 묻는 그녀에게 대답을 제대로 못해 두 곳을 다 들렀다. 동쪽에서 서쪽으로 한참을 가로질러 보관소로 갔다.

그녀는 그곳 담당자하고 한참 얘기하더니 잠시 후 담당자가 내 GPS를 찾아와 보여주며 확인한다. 확인이 되자 그녀는 앞에 있던 계산대에서 세금 용지를 출력받고 자신은 돌아갔다. 그 용지를 들고 다른 사람이 나를 데리고 계산대로 갔다. 계산대에 있는 두 여자 직원이 뭘 계산하고 있는지 우리를 거들떠보지도 않고 자기 일에 열심이었다. 그도 별 참견 안 하고 마냥 기다렸다.

계산을 마치더니 내 일을 봐준다. 14일 치 보관료 28세우세를 현금으로 지불했다. 영수증을 갖고 다시 보관소로 가서 서로 서명을 하더니 내 GPS를 내줬다. 다시 서쪽에서 동쪽으로 나를 데리고 가더니 다시 그 흑인 여자에게 나를 인계했다. 그녀를 따라왔던 길 반대 방향으로 나가니 그때까지 일행이 기다리고 있었다. GPS를 보더니 모두 자기 일처럼 좋아했고 우리는 개선장군처럼 비행기 탑승구로 갔다. 그녀를 따라가서 찾아오는데 걸린 시간은 꼭 40분이었다. 잃어버린 양한 마리를 찾는 목동의 심정으로 아래로 위로 다녔다.

귀국길엔 누구도 자전거 비용을 추가로 지불하지 않았다. 왜냐하면 스스로 신고하지 않고 탑승 수속을 했기 때문이다. 이로써 전체 여정

17박 18일을 기내에서 2박, 캐나다에서 2박 쿠바에서 13박 했고 오직
자전거 여행에는 8박 9일만 소요됐다.

# 한눈에 보는 쿠바 역사*

(*이 책에 언급된 쿠바의 역사를 간략하게 정리했다.)

| 1492 | 1493 | 1506 | 1510 | 1513 |
|------|------|------|------|------|
| 콜럼버스 3척의 배를 이끌고 현재의 바하마 군도에 도착 | 교황이 쿠바 토착민들에 기독교 개종 강요 | 아메리고 베스푸치 신대륙임을 알아냄 | 벨라스케스 관타나모를 통해 들어가 쿠바를 정복 | 스페인이 흑인 노예를 쿠바로 수출할 수 있도록 허가 |

1492

1510

| 1868 | 1868~78 | 1871 | 1874 | 1879 |
|------|---------|------|------|------|
| 스페인 노예제 폐지 | 세스페데스의 10년 전쟁 (1차 독립 전쟁), 쿠바 노예제 폐지 | 아바나 대학생이 스페인 대지주의 묘지를 훼손했다는 누명을 쓰고 총살됨 | 스페인 세스페데스 처형 | 호세 마르티 투옥 |

| **1588** | **1762** | **1763** | **1864** | **1865** |
|---|---|---|---|---|
| 스페인의 무적함대가 영국 해군에 패함 | 영국이 쿠바 서부 지역을 점령 | 스페인이 플로리다를 영국에 넘겨주고 쿠바를 되찾음(파리 조약) | 스페인이 중국과 톈진 조약을 맺고 쿠바로 수출할 중국인 노동자 모집 | 미국 노예제 폐지 |

| **1881** | **1892** | **1895** | **1896** | **1898** |
|---|---|---|---|---|
| 호세 마르티 〈우리 아메리카〉 발표 | 호세 마르티 뉴욕에서 쿠바 혁명당 조직 | 2차 독립 전쟁, 호세 마르티 사망 | 안토니오 마세오 사망 | 미국이 아바나 항에 정박 중이던 자국 군함 메인 호를 폭발시킴 |

| 1899 | 1901 | 1902 | 1905 | 1906 |
|---|---|---|---|---|
| 스페인이 쿠바를 미국에 이양 | 미국의 플래트 수정안이 부가된 쿠바 헌법 통과 | 친미주의자 에스트라다 팔마가 초대 대통령이 됨 | 조선인 노동자 멕시코에 도착 | 피나르 델 리오, 아바나, 라스 투나스 등에서 격렬한 반정부 시위 |

| 1944 | 1950 | 1952 | 1953 | 1954 |
|---|---|---|---|---|
| 바티스타 재선 실패로 플로리다 망명 | 산테리아 의식이 합법적 종교 의식으로 승인 | 쿠데타로 바티스타 대통령 재집권, 헤밍웨이 《노인과 바다》 출간 | 피델 카스트로 몬카다 병영 습격 | 헤밍웨이 노벨 문학상 수상 |

| **1921** | **1923** | **1930** | **1934** | **1940** |
|---|---|---|---|---|
| 최초로 멕시코의 조선인 노동자들이 쿠바의 마나티 항에 도착 | 마탄사스에 한글 학교인 민성학교 설립, 쿠바 한인 독립선언 시위 | 임천택이 카르데나스에 천도교 교회 설립 | 미국 루스벨트 대통령 플래트 수정안 개정 | 바티스타 대통령 당선 |

| **1955** | **1956** | **1958** | **1959** | **1960** |
|---|---|---|---|---|
| 피델 카스트로 특별 사면, 스스로를 멕시코로 추방 | 쿠바 혁명군 82명 멕시코 툭스판 항 출항, 라스 콜로다스 해안가에 좌초 | 체 게바라 산타클라라 장악 | 쿠바 혁명군 아바나 입성 | 피델 카스트로 기업의 국유화 단행, 북한과 수교, 라 코브레 호 폭발 |

| **1961** | **1962** | **1963** | **1965** | **1966** |
|---|---|---|---|---|
| 미국 케네디 대통령 취임, 피그스 만 침공 실패, 쿠바 사회주의 국가 선언 | 쿠바 미사일 위기 발생 | 미국 쿠바 조종법 제정 | 쿠바의 카마리오카 항 개방, 1차 출국 허가, 체 게바라 콩고 잠입 | 체 게바라 아바나로 돌아옴, 체 게바라 볼리비아 잠입 |

1961

1962

1967

| **1989** | **1990** | **1991** | **1992** | **1993** |
|---|---|---|---|---|
| 베를린 장벽 붕괴 | 소련 붕괴 | 피델 카스트로 평화 시의 국가 비상 사태 선언 | 미국 쿠바 민주화법 제정, 아바나 폭탄 테러 | 쿠바 경제 개혁 및 개방 정책 실시 |

| 1967 | 1971 | 1976 | 1980 | 1986 |
|---|---|---|---|---|
| 체 게바라 볼리비아에서 사망 | 미국 쿠바에 아프리카 돼지콜레라 균 살포 | 쿠바 민항기 폭발, 피델 카스트로 국가 원수가 됨 | 마리엘 항 개방, 2차 출국 허가 | 피델 카스트로 북한 방문 |

| 1996 | 1997 | 2000 | 2001 | 2008 |
|---|---|---|---|---|
| 미국 쿠바 자유민주연대법 제정 | 체 게바라 시신 산타클라라 안장, 바라데로 호텔 폭탄 테러 | 엘리안 사건 발생 | 9·11테러 사건 | 피델 카스트로 국가평의회 의장직 퇴임, 라울 카스트로에게 정권 이양 |

# 주석

1 한국은 1만 9890달러로 45위, 중국은 4270달러로 107위 그리고 베트남은 1160달러로 156위다. 위키피디아 참조.

2 'ultimo'는 마지막이라는 뜻이고 줄을 설 때 정확하게 하면 'ultimo persona?' 이다. '마지막 사람?' 이란 뜻으로 말이 짧아져 그냥 'ulitmo' 까지만 한다.

3 류시화, 《나는 왜 너가 아니고 나인가》, 김영사, 2011, 434쪽. 인디언들은 콜럼버스가 인도 사람이란 뜻의 '인디오Indio'라 부른 것이 아니고 '신 안에 살아가는 사람들'이란 뜻의 '인 디오In Dio'라고 불렀다고 한다. 그래서 아메리카 원주민은 자신들을 일컫는 '인디언'이란 말을 기꺼이 받아들인다.

4 한형식, 《맑스주의 역사 강의》, 그린비, 2010, 194쪽.

5 천샤오추에 지음, 양성희 옮김, 《쿠바 잔혹의 역사 매혹의 문화》, 북돋움, 2011, 96쪽, 103쪽.

6 계산을 간단히 하기 위해 1세우세는 24세우페이고 우리 돈 1200원으로 계산한다. 그러면 10세우페는 500원이다.

7 최미선, 《개도 고양이도 춤추는 정열의 나라 쿠바》, 안그라픽스, 2007, 121쪽 재인용.

8 최미선, 같은 책, 41쪽.

9 최미선, 같은 책, 96쪽.

10 하워드 진 지음, 유강은 옮김, 《미국민중사》(1), 시울, 2006, 525쪽 재인용.

11 하워드 진, 같은 책 526쪽.

12 앨런 와이즈만 지음, 이한중 옮김, 《인간 없는 세상》, 랜덤하우스 코리아, 2009, 247쪽. 루스벨트는 파나마 운하를 차지할 목적으로 파나마 사람들의 반란을 도와 콜롬비아에서 파나마를 독립시켰다. 그러나 프랑스인을 파나마의 미국 대사로 인정하고 미국이 원하는 협정을 체결시켜 파나마 인민들을 배신했다. 프랑스가 실패한 파나마 운하를 11년간에 걸쳐 수천 명의 목숨을 앗아가며 운하를 만들어 차지했다. 파나마 운하를 위한 석탄 보급항으로 적격인 푸에르토리코도 차지했다.

13 "여적," 《경향신문》, 2012년 8월 17일.

14 천샤오추에, 앞의 책, 53쪽.

15 체 게바라 지음, 이산하 옮김, 《체 게바라 시집》, 노마드북스, 2007, 49쪽.

16 레오 휴버만 지음, 지양사 편집부 옮김, 《쿠바혁명사》, 지양사, 1984, 27쪽 재인용.

17 레오 휴버만, 같은 책, 62쪽.

18 레오 휴버만, 같은 책, 25쪽.

19 "여자 조사관은 병사들에게 명령해 의자에 그의 발을 묶고 그의 옷을 모두 갈기갈기 찢게 했다. 병사들이 비디오 촬영을 하는 가운데 여자조사관은 자기 옷을 벗기 시작했다. 그 여자는 속옷만 걸치고 내 위로 올라탔습니다. 팬티마저 벗으니 생리대를 차고 있는 것이 보였습니다. 생리혈이 내 몸에 떨어졌고 그 여자는 나를 공격했습니다.…… 그 여자는 내 몸에 떨어진 더러운 생리혈에 손을 문지르더니 그것을 내 가슴에 칠했습니다. 다시 생리혈에 손을 적시고는 내 얼굴과 수염에 대고 닦았습니다." 마비쉬 룩사나 칸 지음, 이원 옮김, 《나의 관타나모 다이어리》, 비오밥, 2009, 239쪽.

20 헨리 데이비드 소로우 지음, 강승용 옮김, 《시민의 불복종》, 은행나무, 2011, 25쪽.

21 헨리 데이비드 소로우, 같은 책, 163쪽 재인용.

22 로버트 E. 퀴크 지음, 이나경 옮김, 《피델 카스트로》, 홍익출판사, 2002, 243쪽.

23 아메리카 대륙의 지역적 협력을 위한 기구로 1951년 캐나다를 제외한 모든 아메리

카 대륙의 국가들이 모여 설립한 기구다.

24 로버트 E. 쿼크, 앞의 책, 6쪽.

25 "서울시민 보호하는 시민인권보호관 생긴다,"《한겨레 21》, 2012년 9월 24일, 제
929호, 60쪽 재인용. 인권 도시란 시민 참여와 공공기관의 정책적 노력을 통해 인
권의 보호와 증진을 도시 공동체 삶의 중심 가치로 설정하고 실행하는 도시를 말한
다. 이것은 게바라가 목숨까지 바쳐 찾으려 한 것이다.

26 쿠바 혁명 후 쿠바에서 대학 교수로 생물학 연구를 하며 쿠바에서 일생을 보낸다.

27 장 코르미에 지음, 김미선 옮김,《체 게바라 평전》, 실천문학사, 2002, 67쪽 재인용.

28 에르네스토에게 '체' 라는 별명을 붙여주었다.

29 라울 카스트로와의 만남을 다음과 같이 설명하기도 한다. "라울과 체의 만남은 우
연이었다. 그가 지나갈 때 체가 사진을 찍어주게 되었다. 라울을 보자 체는 산호세
에서 만났던 다른 쿠바인들이 생각났다. 라울이 자기 형의 계획에 대해 말해주자
체는 이 쿠바인들이 자신을 시시한 현실로부터 모험의 세계로, 용감하고 낭만적인
게릴라 투사들의 세계로 도피하도록 도와줄 사람들임을 깨달았다." 로버트 E. 쿼
크, 앞의 책, 100쪽.

30 존 리 앤더슨 지음, 허진 옮김,《체 제바라, 혁명적 인간》, 플래닛, 2010, 334, 339쪽.

31 존 리 앤더슨 지음, 같은 책, 360쪽.

32 존 리 앤더슨 지음, 같은 책, 401쪽.

33 사령관은 혁명군에서 가장 높은 계급으로 소령에 해당된다.

34 장 코르미에, 앞의 책, 518쪽.

35 장 코르미에, 같은 책, 1107쪽.

36 "김재명의 쿠바리포트(11)," 《프레시안》, 2005년 5월 4일.

37 한인으로 잘못 등록된 멕시코인도 포함된 수치다.

38 라울 루이스·마르타 김,《쿠바의 한국인들》, 재외동포재단, 2004, 67쪽 재인용.

39 존 리 앤더슨, 앞의 책, 796쪽.

40 부시가 이란, 이라크, 북한을 지칭한 말이다.

[41] 유재현, 《담배와 설탕 그리고 혁명》, 도서출판 강, 2006, 113쪽.

[42] 당시 아내는 두 번째 부인인 폴린. 첫 부인 해들리의 내조로 성장하던 그는 젊은 기자 폴린을 만나 플로리다 주 키웨스트로 간다.

[43] 헤밍웨이는 아내가 바뀔 때마다 작품이 나왔다. 해들러와 사는 동안은 《태양은 또다시 떠오른다》(1926), 폴린과 사는 동안은 《무기여 잘 있거라》(1929), 마르타와 사는 동안은 《누구를 위하여 좋은 울리나》(1940), 마지막 아내 메리와 사는 동안 《노인과 바다》(1951)를 집필했다.

[44] 센트럴 아바나Central Habana에서 남동쪽으로 15킬로미터 정도 떨어진 샌프란시스코 데 파울라San Francisco de Paula 마을 언덕 꼭대기에 있다.

[45] 힐러리 헤밍웨이·칼린 브레넌 지음, 황정아 옮김, 《쿠바의 헤밍웨이》, 미디어2.0, 2006, 186쪽.

[46] 힐러리 헤밍웨이·칼린 브레넌, 같은 책, 252쪽 재인용.

[47] 요시다 타로 지음, 송제훈 옮김, 《몰락 선진국 쿠바가 옳았다》, 서해문집, 2011, 53쪽.

[48] 요시다 타로 지음, 안철환 옮김, 《생태도시 아바나의 탄생》, 들녘, 2005, 69쪽.

[49] 요시다 타로, 같은 책, 5쪽 재인용.

[50] 요시다 타로, 같은 책, 206쪽 재인용.

[51] 요시다 타로, 같은 책, 186쪽 재인용.

[52] 요시다 타로, 같은 책, 135쪽.

[53] 유재현, 앞의 책, 207쪽.

[54] 체 게바라, 앞의 책, 84쪽.

# 참고문헌

국가보훈처, 《국외독립운동사적지 실태조사보고서》 III 권, 독립기념관, 2003

그레고리안 토지안, 홍민표 옮김, 《카스트로의 쿠바》, 황매, 2005

김구, 도진순 주해, 《백범일지》, 돌베개, 2002

김재명, 《나는 평화를 기원하지 않는다》, 지형, 2005

라울 루이스·마르타 김, 《쿠바의 한국인들》, 재외동포재단, 2004

레오 휴버만, 《쿠바혁명사》, 지영사, 1984

로버트 E. 퀴크, 이나경 옮김, 《피델 카스트로》, 홍익출판사, 2002

류시화, 《나는 왜 너가 아니고 나인가》, 김영사, 2011

마비쉬 룩사나 칸, 이원 옮김, 《나의 관타나모 다이어리》, 비오밥, 2009

앨런 와이즈만, 이한중 옮김, 《인간 없는 세상》, 랜덤하우스 코리아, 2009

어니스트 M. 헤밍웨이, 《노인과 바다》, 박영사

요시다 타로, 송제훈 옮김, 《몰락 선진국 쿠바가 옳았다》, 서해문집, 2011

_____, 안철환 옮김, 《생태도시 아바나의 탄생》, 들녘, 2005

원희복, 《조용수와 민족일보》, 새누리, 2004

유재현, 《담배와 설탕 그리고 혁명》, 도서출판 강, 2006

일다 바리오·개리스 젠킨스, 윤길순 옮김, 《체 게바라》, 해냄, 2004

장 코르미에, 김미선 옮김, 《체 게바라 평전》, 실천문학사, 2002

존 리 앤더슨, 허진 옮김, 《체 제바라, 혁명적 인간》, 플래닛, 2010

천샤오추에, 양성희 옮김, 《쿠바 잔혹의 역사 매혹의 문화》, 북돋움, 2011

체 게바라, 안중식 옮김, 《체의 마지막 일기》, 지식여행, 2005

_____, 이산하 옮김, 《체 게바라 시집》, 노마드북스, 2007

_____, 홍민표 옮김, 《체 게바라의 모터사이클 다이어리》, 황매, 2006

최미선, 《개도 고양이도 춤추는 정열의 나라 쿠바》, 안그라픽스, 2007

페르난도 D. 가르시아, 안종설 옮김, 《한 혁명가의 초상》, 서해문집, 2001

하워드 진, 유강은 옮김, 《미국민중사》(1), 시울, 2006

한형식, 《맑스주의 역사 강의》, 그린비, 2010

헨리 데이비드 소로우, 강승용 옮김, 《시민의 불복종》, 은행나무, 2011

헨리 루이스 테일러, 정진상 옮김, 《쿠바식으로 산다》, 삼천리, 2010

힐러리 헤밍웨이·칼린 브레넌, 황정아 옮김, 《쿠바의 헤밍웨이》, 미디어2.0, 2006

## 인터넷 자료

http://en.wikipedia.org/wiki/List_of_countries_by_GNI_(nominal,_Atlas_method)_per_capita

http://www.chondogyo.kr/shiningan/oldsite/n2004/n06/n0614.htm

http://www.koreatimes.net/Series/Woon/woon_090128.html

http://www.pressian.com/article/article.asp?article_num=40050504175127&Section=05

http://www.kodocaforum.org/bin/minihome/main.htm?st=view&num=&idx=3504
&page=1&cseq=56&subon=1&subkey=5&seq=2443&menuname=/bin/minihome/
contents_i.htm&bbs_seq=5&ctype=&search_type=&search_word=

http://www.kin.or.kr/autocart/market/board/board_read.php?bbs_no=11&index_no=79
&page=19&keyset=&searchword=

# 찾아보기

# 체 게바라를 따라 무작정 쿠바 횡단 – 역사와 함께하는 쿠바 자전거 기행

⊙ 2014년 1월   9일 초판 1쇄 발행
⊙ 2014년 6월 12일 초판 2쇄 발행
⊙ 지은이            이규봉
⊙ 발행인            박혜숙
⊙ 책임편집          신상미
⊙ 디자인            이보용
⊙ 영업·제작         변재원
⊙ 종이              화인페이퍼
⊙ 펴낸곳            도서출판 푸른역사
　　우  110-040 서울시 종로구 통의동 82
　　전화: 02) 720-8921(편집부)  02) 720-8920(영업부)
　　팩스: 02) 720-9887
　　전자우편: 2013history@naver.com
　　등록: 1997년 2월 14일 제13-483호

ISBN    978-89-94079-36-3   03900